マドンナメイト文庫

禁断告白スペシャル 熟年相姦体験

素人投稿編集部

第三章 ＝ 血の繋がりを呪いながら獣欲に溺れる性

第四章 ＝ 禁忌の淫罪を犯して彷徨いつづける人々

※本書に掲載した投稿には、読みやすさを優先して、編集部でリライトしている部分もあります。なお、投稿者・登場人物はすべて仮名です。

第一章

家族同士の関係を超えた許されざる肉悦

父が始めたカメラのモデルになった私は禁断の生ハメ撮りプレイに溺れて……

［長谷川美樹　パート・三十五歳］

いま思えば、私は結婚十年目になる夫との、ノーマルなセックスに飽きていたのかもしれません。だから、あんな恐ろしいタブーを犯してしまったのです……。

公務員を定年退職した父がカメラを始めたと聞いたときは意外でしたが、いいことだと思いました。父はまじめで無趣味だったので、つまらない老後を送って、ボケが早く来てしまうのではないかと少し心配していたのです。

「へー、いいじゃない。大いにやりなさいよ」

実家に戻ったときに私はそう言って、退職金で高価なカメラを買って母に怒られている父を応援してあげたぐらいです。

「風景だけじゃつまらないから、人物も撮ってみたいんだが……いまどきは、勝手に通行人を撮ると怒られることもあるからなあ……」

父は照れながら、そんなことを言いました。

「あら、じゃあ、私がモデルになってあげるわよ」

私は応援ついでに、ついそんなことを口走ってしまいました。

実は私、スタイルには自信があって、結婚前にはバイトでモデルをしたこともあったのです。モデルと言っても素人カメラマンに撮られただけですが、カメラのファインダー越しに自分の肢体を見られるのは、なんとも言えない快感があることは覚えていました。だから、そんな言葉を口にしたのだと思います。

「そうか、じゃあ、ちょっと頼もうかな」

父はそう言って、私を外に連れ出したのです。

実家の近所には大きな公園があります。池の近くにある樹のそばまでくると、父はカメラを構えました。

「適当に、ポーズを取ってみせてくれ」

以前やったことがあるとはいえモデルは久しぶりです。最初のうちはぎこちないものでしたが、徐々にその気になって、自然にポーズを取れるようになりました。

子どもを産んでいないので、結婚してずいぶんたつ現在でもスタイルには自信があります。なんだかグラビアアイドルにでもなったみたいでいい気分です。

でも、父は私以上に興奮していました。こんなに熱中している父を見たのは初めてだったかもしれません。少しずつ、私のポーズにも注文を出してきました。

「上着は脱いでくれ」

「ベンチに座って……膝を抱えるような格好になってくれ」

「下半身をもっとこう、カメラに向かって突き出してくれないか」

カメラを構えた父は、ある種の狂気に取りつかれているようでした。

私もなんだか、カメラを向けられていると、ふだんなら断るようなことでも受け入れてしまう、変な心理状態になってきたのです。

ちょっときわどい、スカートの中がカメラから見えているんじゃないかという感じのアングルで撮られている最中に、父が私にこうたずねてきました。

「お前、旦那とこんなことをしたこと、あるのか？」

「ん……あるわけないじゃない……」

カメラのレンズ越しに父の視線を肌に感じながら、私は答えました。

そして答えながら、私は気づいてしまったのです。私にカメラを向ける父のズボンの股間が、はっきりとふくらんでいることに。

思わず「あっ」と声が出そうになりました。

還暦を超えた父に、こんなに男性の機能が残っているなんて意外でしたし、私自身もそれを見て胸がざわざわするようなおかしな気持ちになりました。

でも口には出さず、その日はそれで終わりました。父も、自分の股間の異変を娘に見られた自覚がなかったはずはないと思うのですが、何も言いませんでした。

もしかすると、わざと私に見せていたんじゃ……そんなことも思いましたが、深く考えないことにしました。

しかし、次に実家に帰ったときには、父のカメラと女体撮影への関心はさらにエスカレートしていたのです。

「母さんに内緒で、お前のヌードを撮らせてくれないか？　モデル料も出す」

母の目を盗んで、父は私にそんなことまで言ってきたのです。

私も、前回に撮られたときに感じた興奮を味わいたい気持ちもありましたし、正直言ってモデル料にもつられました。

その一方で、前回父が私に欲情していたことを思い出して少し不安にもなりましたが、最終的には私自身の好奇心に負けてしまったのです。

母には「公園に行ってくる」と言って外に出ました。

そして隣駅まで移動して、実の父とラブホテルに入ってしまったのです。

古びたラブホテルで、部屋に入ると大きなベッドがありました。ベッドの頭の側は全面が鏡張りになっていました。鏡の中の自分たちの姿を見て、私は思いました。ほんとうに……来ちゃった……お父さんと、ホテルに……。

これはあくまで撮影だからと思いつつも、背徳感で全身が緊張しました。

「まず……ベッドに寝転がってみせてくれ」

私に指示を出す父の声も、緊張して少し震えているようでした。

言われたとおりにした私の体を、舐めるように父は撮影しました。まだ着衣状態なのに、野外で撮影した前回よりも、はるかにカメラの視線を肌に感じました。

父は今回も、カメラを構えると豹変しました。いつもの老人らしい動きの緩慢さがなくなり、よいアングルを撮るためなら、多少つらい姿勢でも平気で難なくこなすのです。それくらい、撮影に熱中して入り込んでいるのです。

「少しずつ、脱いでいってくれ……あっ、上着から、そうそう……」

私に指示を出す声にも、興奮した気持ちがにじんでいます。

私は白い薄手のブラウスのボタンに指をかけて、上から順番にはずしました。下からは、紫色の扇情《せんじょう》的なデザインのブラが現れました。私が持っているなかでいちばんエッチなやつです。夫にも、あまり見せたことはありません。

思えばこの下着は、夫に興奮してもらおうとして買ったのですが、何の効果もなかったので、それ以来クローゼットの奥に眠っていたものでした。

それを、撮影のためにわざわざ引っぱり出してきたのです。

私はチラッと父の股間を見ました。すでに少しふくらんでいるように見えました。

夫を興奮させようとして買った下着が、実の父親を興奮させているなんて、なんだか不思議な気持ちになってしまい、体が熱くなってしまいました。

私はブラのフロントホックに手をかけましたが、父がそれを制止しました。

「上（上半身）を完全に裸にするのは、もっとあとにしてくれ……下を先に……」

こだわりがあるのか、自分自身をじらしているのか、そんなことを言うのです。

そこで私がスカートに手をかけて脱ごうとすると、父はこう言いました。

「ま、待った……！　スカートをはいたまま、パンティを脱いでくれ……」

どうやら、父にも「興奮のポイント」があって、それを自分の理想どおりに撮影したいのだろうということが伝わってきました。

私はスカートの中に手を入れて、パンティをゆっくり時間をかけておろし、それを脚に沿ってすべらせるように脱いだのです。心臓がドキドキしました。

「ねえ……お母さんとこんなことしたこと、あるの？」

今度は逆に、私が父に質問しました。父の答えは私と同じでした。

「あ……あるわけないだろう……」

もしかしたら父は、いままで果たせなかった自分の願望を満たすために、私を撮影しているのかもしれない。そう思いました。

「そのままお尻を突き出して……こっちに向けてくれ……」

父の声が、ますます興奮してきました。心なしか若々しい声になっています。

父の手が、私にポーズの指示を出すためにふれてきました。露《あらわ》になった肩に手のひらがふれた程度ですが、驚いてビクッと大きく痙攣してしまいました。

「……どうした」

「……ううん、なんでもない」

私は平静を装《よそお》いました。父に指示されたとおり、私は四つん這いの姿勢になって、ベッドの頭の部分がある壁に顔を向けている状態になりました。

父と私の姿が鏡に映っていて、背徳感や罪悪感が込み上げてきました。しかし、それだけではありません。性的な興奮も、感じていたのです。

父のシャッターを押す回数とスピードが、どんどん加速していきます。

「鏡の中のお前自身に、キスしてみせてくれ……」

父が熱っぽい口調でそう言いました。

私は鏡の中の自分にキスをしました。鏡に向かってとはいえ、父親の前で、キスをするなんて、夫との結婚式以来のことでした。

撮影のために厚めにひいた口紅が、ベットリと鏡につきました。それを見ると私もなんだか興奮してしまって、何度もくり返しキスをしました。舌先も自然に出ました。

んっ……！

父の手のひらが、私のお尻にふれるのを感じました。

ノーパン状態のスカート越しに、さわってきたのです。さっきのようなポーズを指示するためというより、完全になで回してきていました。

「んんっ……んっ……！」

すぐに拒否すればよかったのかもしれません。でも鏡の自分にキスするのに夢中になって声を出せず、おかしなうめき声をあげるだけになってしまいました。

父は、それをいいことに私のお尻をさわりつづけます。

片手でカメラを構えているようで、シャッター音は絶え間なく室内に響いてきました。悶《もだ》えて動く私の下半身の動きを少しも逃すまいと撮影してくるのです。

「んんっ、ああっ……！」

思わず大きな声を出してしまいました。完全に喘ぎ声でした。

私の声にさらに興奮してしまったのか、父はスカートの中に手を忍び込ませてきました。そしてお尻にじかにふれて、割れ目に沿って手を忍び込ませ、軽くではありますが、性器にまでふれてきたのです

「あっ、あっ……ダメぇ……！」

私は耐えきれず、体をひっくり返してあおむけになりました。

振り向いて父を見ると、その股間部分はすっかりふくらみきっていました。父はそれを隠そうともしていません。

「何よ……そんなに興奮して……」

私が言うと、父は、悪びれもせずに言いました。

「……そっちだって、こんなに濡らしたクセに……」

父は私の目の前に、指を突きつけてきました。

人差し指の先が、濡れて光っています。私の愛液が濡らしたのです。

私の体がまた熱くなってきました。さっきまではほっぺたや、体の表面が熱くなる感じでしたが、今度は体の奥が、芯から熱くなってきたのです。

父は無言のまま私に近づいて、もう一度スカートの中に手を忍び込ませました。

「んっ……あ、あ……！」

太腿の内側に入れた節くれだった指先が、脚のつけ根に到達しました。

あっ……クリトリス……！

さっきはなんとなく、それとなくさわっているという感じでしたが、今度は開き直ったように私の敏感な部分を刺激してきました。

子どものころから見てきた、父の節くれだった指先が、生まれて初めて自分のもっともプライベートでデリケートな部分にふれてきたのです。

異様な興奮と熱気に、体が包まれました。私の体だけでなく、父と私の二人の体がです。父の体は、私の体に強く密着していました。

「スカートの中も、撮らせてくれ……」

父はカメラを構えました。

私は無言のまま体勢を立て直しました。ベッドに脚を立てて座った状態になり、そこからゆっくりとスカートの両端を指でつまむようにして、上げていったのです。

父が切るシャッターの音が、激しく室内にこだましました。それは父の発情した息づかいそのもののように、どんどん激しくなっていきました。

そうです。父は娘である私に、完全に発情していたのです。

最後まで……しちゃうのかな……。

心の中に、不安とも期待ともつかないものがわき起ります。

父に対しては、肉親としてふつうに愛情は持っています。

でも、あたりまえのことですが、一人の男性として見たことはありません。

しかしこうして、密室で二人きりで裸を撮影するなんてことをしていると、異常が異常でなくなるというか、何が起きてもおかしくない雰囲気になってきました。

「うおお……」

完全にスカートの中の奥、ノーパン状態の股間が露になると、父は小さなうめき声をあげました。シャッター音が連続して、鳴り響くようでした。

父のカメラのレンズが、どんどん股間に接近してきます。敏感な部分に父の視線が突き刺さって、感じてしまってどうしようもなくなってきます。

そして極限まで近づくと、父はカメラを自分の顔からはずして、私のオマ○コに顔を密着させてきたのです。

「んあっ……！」

私の口から、思ってもみないほど大きな声が出ました。快感の声でした。

舌先がすぐにクリトリスにふれて、上に向かって舐め上げてきました。何度も何度もそれをくり返されて、私の両脚はガクガクと震えました。

その両脚の太腿を抱きかかえるようにして、父は私の下半身に自分の顔を完全に固定しています。自分の奥から溢れる蜜が、父の顔を濡らすのがわかりました。

「だめ……お父さん……ああ、あっ……！」

父がどれくらい私のオマ○コを舐めていたのかわかりません。

しかしとにかく、舐められているだけで二回以上、私はエクスタシーに達してしまったのです。実の父に、イカされてしまったのです。

朦朧《もうろう》となりながら父を見ると、父はさっきまで私の太腿をつかんでいた手の片方を脚から離して、自分の股間にやっているのです。

私の体勢からはよく見えませんでしたが、どうやら、自分のモノをしごいているようでした。私のオマ○コを舐め回しながら、肩が上下に揺れているのです。

あんなに興奮しちゃって……！

父の姿を見ると、私自身も欲情して、蜜が溢れてしまいます。

その蜜でベトベトになった顔を上げて、父は私に言いました。

「俺のも……同じようにしてくれないか……」

父はそう言って、座っている私の前に膝立ちになりました。

ズボンからオチ〇チンはすでに露出していました。

子どものころにはいっしょにお風呂に入ったこともありますから、かつては毎日のように見ていたモノです。しかし、あたりまえですが、大人になってからこんなに間近で見たことはありません。

あらためて見る父のオチ〇チンは、思った以上に逞しいものでした。それもあたりまえのことで、幼い娘をお風呂に入れていたころとは状況がまるで違います。

黒くて太い全体に血管が浮き出て、ふくらみ切った亀頭が上を向いていました。

亀頭の先端には、しずくのようなものが光っています。

私はその黒くて太いものに手を添えました。

ピクッと、父の体が小さく震えるのがわかりました。

かわいい……。

父親に対してそんな感情を抱いたのは、初めてのことでした。

手の中でもてあそんでいると、熱さと硬さが増してくるようでした。私は舌の先をとがらせて、亀頭の先にあるしずくを舐めとるようにふれました。

「んくっ……！」

父がおかしなうめき声をあげました。そんな反応を見ていると私はうれしくなって、ますます手でもてあそんで、舌を使ってしまうのです。

またシャッター音がしました。父を見上げると、オチ○チンを舐めている私の姿を父が撮影しているのです。

その姿を見て、私はなんと言えばいいのか、安心してしまったのです。

そうか、これはあくまで撮影なんだ……近親相姦なんかじゃないんだ。

カメラを向ければ、それはすべて「演技」。

そんなふうに、自分をごまかすことができたのです。言い換えれば、どこまでも自分の欲望をエスカレートさせられる気がしたのです。

私はさっきまでのような舌先でチロチロと軽く舐める感じではなく、唇を亀頭全体におおいかぶせるようにして、呑み込んでいきました。

呑み込みながら口の中で舌をオチ○チンに絡みつかせて、強く圧迫しました。

「うっ、んっ、ふっ……！」

父の吐息が、頭の上から聞こえてきます。シャッター音も絶え間なく聞こえてきます。それらの声に追い立てられるように、私は口と舌を動かしました。

じゅぶっ、じゅぶっと大きな音がしました。私の唾液と、父のオチ○チンから出てくるものが混じり合ったものです。まだ射精はしていません。男の人がイク前に出す、あの透明な体液が口の中で唾液と混じり合ったのです。

父は、片手でカメラを持ち、片手で私の頭を押さえてきました。

もしかして……イクのかな……？

そう思うと、早くイカせてやりたくなりました。自分の父を負かしてやりたいような、いたずら心のようなものとでも言えばいいのでしょうか。

私はさらに激しく、頭全体を使ってオチ○チンをしごき立てました。

「ううう……！」

父のうめき声が大きくなりました。私の頭を押さえつける手に力が入ったかと思うと、口の中に予想以上にたくさんの精液が溢れてきたのです。

「んぐっ……ふっ……！」

精液はとても熱くて、私はそれを手のひらの上に吐き出しました。

「ほら、見て……こんなに……」

私が父にそれを見せつけると、父はそれにもカメラを向けました。イッたばかりで肩で息をしているような状態でしたが、自分の体の中から出たものを撮影することにとても興奮している様子でした。

私は撮影されながら、父の股間を見ていました。いま出したばかりなのに、もう少し頭をもたげかけています。父の年齢を考えると驚異的なことに思えました。

これはやはり、カメラを持っている効果だろうと思いました。撮影というプラスアルファの興奮がなければ、とてもここまで持続しなかったと思います。

再び逞しくなりかけている父のオチ○チンに、私は自分から舌先を絡みつかせていきました。

「うっ、ん……！」

父のオチ○チンは、すぐに大きくなってきました。もう、実の娘を相手に欲情することに抵抗はなくなっているようでした。

父は自分で服を脱ぎだして、裸になってしまいました。そして私の体を倒して、上におおいかぶさってきたのです。

「ああ……」

再び硬さを取り戻したオチ○チンを父は自分でつかんで、私のオマ○コにあてがってきました。そして亀頭だけを入り口に挿入し、またカメラを構えたのです。

私はあおむけになって、カメラのレンズに見おろされながら、父が突き出すのを待っている状態になりました。父の腰が、ゆっくりと前に突き出されました。

「んっ……あ、はあ……！」

私の口から、大きくて深いため息が洩《も》れました。

父のオチ○チンを自分の体で感じるのは、もちろん初めてのことでした。でも、これまでに経験したことがないくらい気持ちよかったのです。

はっきり言って、夫のオチ○チンなんて目じゃありませんでした。

こんなに自分のオマ○コにフィットするオチ○チンは初めてでした。

根元まで届いたときには、自分の体の内側が、ぴったりと、寸分の狂いもなく父のオチ○チンにおおいかぶさっているのがわかりました。

血の繋がった者同士って、こんなに合うのか……。

そんなことを、真っ白になりかけた頭で考えていました。それほど体の相性のよさを感じたのです。父はシャッターを切りながら、腰を動かしはじめました。

「あっ、はあ、んん、いい、ああ、あ……！」

私の口から洩れる喘ぎが、どんどん大きく、いやらしい声になっていきます。

じゅくじゅくと、繋がった部分が変な音を立てているのが聞こえました。こんなに濡れながらセックスした記憶は、しばらくありません。

父のシャッターを切る音が、どんどん速くなっていきます。それに合わせて腰の動きも速くなっていくのです。

父の息が、これ以上ないくらい激しくなってきました。

私の下半身全体がもっていかれるぐらい、ぴったりと貼りつくような感触でした。それを激しくピストンされているのですから、たまったものではありません。

「んっ、ああ、んん、あはあ、お父さん……気持ちいい……！」

私はすでに、何度もイッてしまってしました。そしていま、また父がイク寸前まで気持ちよくなっているのがわかりました。肉親同士、伝わってきたのです。

「いく、イク……イクぞ……！」

父はそう言って、射精の直前で私のオマ○コからオチ○チンを抜きました。

そして私のお腹の上に……いいえ、お腹から、胸までも、顔までにもかかるほど大量の精液を出し切ったのです。

「ああ……」

汗と体液でドロドロになって放心状態でベッドに体を投げ出す私に向かって、父はいつまでも夢中でシャッターを切りつづけていました。

就職試験のサポートをしてくれた美叔母
麗しの熟穴に濃厚ザーメンを大量発射！

［長山晃司　公務員・二十八歳］

　私は現在二十八歳の男で、山陰地方の会社で働きながら公務員資格を取得し、二年前に地元市役所への転職を果たしました。難しい「公務員の社会人採用枠」に挑んだということですが、その試験の突破には四十七歳の叔母・梨奈《りな》さんの力を頼りました。

　梨奈さんは公務員試験対策の専門学校で働いていたことがあるそうで、相談すると「現役で講師をしてる知り合いがいるから、最新の対策を聞いておくわ」と、毎週土曜日に家庭教師をしてくれるようになったのです。

　いまは専業主婦をしている梨奈さんは、子どもがいないこともありジム通いをしたり趣味のテニスを楽しんだりしていて、アラフィフのいまでもとても若々しく見えます。トレードマークのつやつやで真っ黒な前下がりのボブヘアがととのった顔によく似合い、スラリとした長身なので、独身時代はよく「モデルさん？」と言われていたそうです。サバサバした性格も含めて、私は子どものころから大好きでしたし、会えばテンションが上がります。

ただ、そんな梨奈さんが一人暮らしをしている私のマンションに来てくれるからといって、妙な下心があったわけではもちろんありませんでした。

ずっと近場で暮らしている血のつながった親戚同士、そもそも私のおしめを替えてくれていた叔母が、私のことを男として見たりするはずがありません。私のほうは実を言うと、思春期のころに梨奈さんをオナペットにしたことがありましたが……。

職場で知り合った恋人がいるいまとなっては昔の話ですし、ほんとうにまじめに試験対策を授けてもらうだけのつもりでした。

家庭教師をしてもらう初日、いざ部屋で二人きりになってみるまでは、嘘偽りなくそう思っていたのです。

時間どおりに来てくれた梨奈さんを部屋の中へ招き入れたとき、まず驚かされたのは、梨奈さんが全身から発している「濃厚な女の匂い」でした。香水などの人工的な匂いではなく、完熟した女性が肌からかもし出すフェロモンそのもののような、男の本能に直接ふれてくる匂いなのです。

それが部屋中にムンムンと充満しだして、同世代の恋人が来たときにはこんなふうにはならないのに……と、とまどわずにはいられませんでした。

それだけではありません。私の動揺を知ってか知らずか、梨奈さんは机に向かう私のすぐ横に椅子を置いて授業を始めてくれたのですが、この日の服が前側がファスナーで全開きになるタイプの長いタイトスカートと白いブラウスで、スカートのファスナーが下から少し開いていたので、座ると膝上まで露になるのです。加えて細身なのに胸が大きいためブラウスの生地がピンと張り、ボタンの間から白いブラジャーがかなりの面積でのぞけていました。

相手は叔母さんなんだぞ……と理性では思うのですが、視覚と嗅覚のダブルパンチは思いのほか強烈で、まったく勉強に集中できませんでした。

「だから、一般枠と比べると中途採用は筆記試験のウエートが軽いのよ。自分の職務経験を話す面接とか論文でアピールできると強いんだけど……ねえ、聞いてる？」

このとき、言葉を止めた梨奈さんが私の膝に手を置いてきたので、ビクッとして思わず腰を引いてしまいました。我ながら挙動不審すぎる動作です。

「う、うん……聞いてるよ。今度までに準備しておく」

「別に急がなくていいけど。じゃあ、先に筆記問題を万全にしておくことにしようか。

これが知り合いにもらってきた去年の一般知能分野の問題ね。現状のウイークポイントを知りたいから、まずは解いてみて?」

梨奈さんが私の狼狽《ろうばい》ぶりにはふれないでバッグから試験問題を取り出すと、私の前に置きました。そして「終わったら起こしてね」と手をヒラヒラさせながら立ち上がり、数歩先のベッドまで行ってゴロンと無造作に寝転がりました。

そうした一挙手一投足が、いちいち色っぽく思えて仕方ありませんでした。

フェロモンの源が離れたことで束の間ホッとした私でしたが、しばらくして振り向くと、梨奈さんはこちらへ足を向けて寝息を立てていて、スカートの中がのぞけそうになっているのに気がついてしまいました。

問題を解きつつ何度も振り向いてしまい、やっと全問解き終えたときにも、すぐ声をかける気にはどうしてもなれませんでした。

この時点で、すっかり興奮してしまっている私がいたのです。

梨奈さんは熟睡しているように見えました。

私は音を立てずに椅子から立ち上がると、ベッドの縁まで行って身を屈めました。

そして黒パンストに包まれた梨奈さんの爪先の横に顔を持っていき、太腿のつけ根にうっすら見える白いパンティの三角形を、じっと目に焼きつけました。

胸元も見たくなり、真横から梨奈さんのブラウスのボタンのすき間に目をこらしました。Eカップはありそうなふくらみで生地に横しわが寄っていて、すき間はひし形に広がっていました。そこからブラジャーと肌の境い目がのぞけているのです。

よく見たいと思った私は、片手をベッドについて首を伸ばすと、梨奈さんの寝息をうかがいながら胸まで数センチのところまで顔を近づけました。

脚といいバストといい身に着けているものといい、つくづくエッチだと思わずにはいられませんでした。

長身なぶんだけ全体のバランスとしては細いのですが、肉づきそのものは年相応にムッチリとしていて、よく手入れされた肌は若い女の天然のきれいさとは違う磨き抜かれた美しさがあって、それが服装と相まってなんとも妖艶なのです。

梨奈さんが帰ったらすぐにオナニーをしようと心に決め、あらためて各部をしっかりと目に焼きつけたあと、ふれていいものかどうか少し迷いながら梨奈さんの肩に手を当てて揺り起こしました。

これはあとになって知ったことですが、梨奈さんはこのときの私をずっと薄目で観察していて、「これはスッキリさせてあげなくちゃ」と思ったのだそうです。

私たちが一線を越えて男女の関係になったのは、早くも二度目の家庭教師の日のことでした。あとから思えば梨奈さんは最初からそのつもりだったのだと思います。梨奈さん主導の会話の中で私の恋人のことが話題になり、その流れで梨奈さんがいわゆる「セックスレス」だと知らされました。

梨奈さんの配偶者はすなわち私の叔父ですし、セックスレスと言えばつまりは欲求不満です。加えて「晃司《こうじ》君も満足できてないみたいだけどなぁ」と言われ、前回のことがバレていると知らない私は、ひたすらドギマギしてしまいました。

この日の梨奈さんは、総レースで透け感のある青いマキシワンピースという服装で、見とれるようなゴージャスなボディラインが露になっていました。

隣に座って脚を組まれると、どうしても目がいってしまいます。がんばって生徒になりきっていたものの、脚と脚を体温が伝わるくらいにくっつけられ、さらに二の腕に胸を当ててこられると、たちまち股間が熱くなってきてしまいました。

私としては、内心の劣情を見抜かれるのをなにより恐れていましたから、必死で勉強に集中しているふりをしました。梨奈さんはそんな私の気持ちを何もかも見透かしていたわけです。

「だからね、数的処理・文章理解は解法テクニックを習得して繰り返しの問題演習を積むべき演習科目なのよ。つまらないかもしれないけど、ここは根気強く、何度でも問題を解くしかないの」

「う、うん」

「ほんとにわかってる？　なんか集中できてないみたいだけど」

梨奈さんがそう言って私の下腹部に手をのせてきたとき、すぐには意図がわかりませんでした。わかったのは、はいていたスウェットのズボン越しに、勃起したものをギュッとつかまれたときでした。

「あっ……ちょっと、叔母さん！」

驚きと恥ずかしさで二の句が継げないでいると、梨奈さんは「集中できるようにしてあげる」と握った勃起をゆっくり上下にこすりはじめ、同時にTシャツの中に手を入れて、乳首を指で転がしてきました。

だめだよ、と言おうとして声も出せないまま、Tシャツをまくられて乳首を舐め回されました。さらにパンツの中に手を突っ込まれて竿を直接しごかれ、私は快感と興奮で頭が真っ白になってしまいました。

前回梨奈さんが帰ったあとにオナニーをした際、想像していたのはまさにこんな情景だったのです。

ピチャ……ピチャ……と乳首を舐める湿った音が鳴り、先走り汁で濡れた亀頭に指をヌルヌルと絡められました。叔母にこんなことをされてるなんて……散々想像していたくせに、現実のことと思えませんでした。

視線をおろすと、マキシワンピースに包まれた妖艶なボディラインに目がくらみ、気がつけば梨奈さんの豊満な胸のふくらみに手を当ててしまっていました。

驚くようなボリュームで、恐るおそる指に力を入れると、どこまでも深く喰い込んでいくようでした。

梨奈さんは拒否しないどころか、あたりまえのように私の下腹部を露出させ、勃起したものに屈み込むなり赤い唇をヌプッと押し被せてきました。

「あっ……あぁっ……」

すぐに熱い舌がカリ首にまとわりついてきて、同時に竿を指先でしごかれました。

どうしたらいいんだろうと半ばパニックになっている私でしたが、空いた手は梨奈さんの背中側のジッパーをお尻のあたりまで引き下げていました。

黒いブラジャーのバンドが露になると、私はそのホックをはずし、梨奈さんの生白い背中に唇を当ててました。そうしながら手を前に回して乳房を直接もみ回し、とがった先端を指の股でキュッと挟み込みました。

体が勝手に動いてしまうのです。

梨奈さんが「んんっ」と声を洩らし、自分でワンピースのすそをたくし上げました。そして、露になった黒いパンティ越しにアソコをいやらしくいじりはじめました。

それはまさしく、欲求不満の熟女そのものの淫らな姿でした。

まだとまどいが残っていた私でしたが、その瞬間、何かやけくそのような、もうどうにでもなれという気持ちが爆発したのです。

私は梨奈さんを背後から抱えるようにして立ち上がらせると、そのまま絡み合うようにしてベッドまで行き、半裸の体を押し倒しました。そして形のいい大きな乳房を舐め回し、片手を梨奈さんのパンティに突っ込み、濃い陰毛をかき分けて濡れたアソコへ指をすべり込ませました。

「あはあっ……いいっ!」

梨奈さんが鼻にかかった声をあげて、自分でパンティを脱ぎ去りました。そして「ねえ……晃司、入れて……晃司の硬いの、ここに突っ込んで!」と脚を大きく開いたのです。

ベッドに入ってまだ数分という状況でしたが、私も梨奈さんも本能につき動かされるように合体していました。梨奈さんの中は熱く、ヌルヌルしていて、襞の一つひとつが竿に絡みついてくるようでした。

恋人のそれとは全然違う熟れた性器の感触に、私はたちまち追い詰められました。すぐに果ててしまってはまずいというあせりがありましたが、梨奈さんは挿入の瞬間からビクンビクンと身をふるわせ、どうやら小刻みに絶頂を繰り返しているようでした。

もともと感じやすいのか、それとも欲求不満が溜まっていたからなのかはわかりませんが、私は救われた気分で一気にスパートをかけました。

交わっていた時間は二分もあったかどうか……私が梨奈さんのお腹の上に精液をぶちまけると、梨奈さんはグウッと背筋を弓なりにそらせて、さらに何度かイッていたように見えました。

この一件以来、梨奈さんに家庭教師をしてもらう日は、まずセックスをしてから授業が始まるようになりました。ラブホテルに行ったりするわけではないのでバレる心配がほとんどなく、それはなんとなく安心でしたが、一つだけ困ったのは、ほかの日に恋人と会ってセックスをしても物足りないと感じるようになってしまったことでした。

それはたぶん、梨奈さんの磨き抜かれたボディやベッドテクニックがすごいという だけでなくて、近親相姦というスリリングな事実が拍車をかけていたのだと思います。相手は叔母なんだという意識が常に頭の隅にあるために、キス一つとっても戦慄《せんりつ》するような興奮を覚えるのです。

そんなある日、祖父の三回忌の法要があって、礼服姿の梨奈さんと想定外に会うことになりました。

その場にはもちろん、叔父や両親も同席していました。

ふだんとは違うカッチリとした装いの梨奈さんは、怖いほどにきれいでしたが、それ以上に親戚関係という事実があらためて強く意識されて、私は場所柄もわきまえずにムラムラしてしまいました。

自分はこの人と何回もセックスしているんだ、血の繋がった親戚同士なのに誰にも言えないエロいことをやりまくっているんだと思うとたまらなくなって、いますぐにでも梨奈さんを裸にしてアソコや乳首を舐め回したいと思いました。

寺でお経をあげてもらいながら勃起しているなんて罰当たりなことですが、もともとが大罰当たりな私たちなのです。こうなったら行けるところまで行ってやれという、ますます不らちな気分になりました。

法要が終わって、みんなで食事をしているとき、「何か理由をつけて礼服のまま部屋に来られないか？」という内容のメールを梨奈さんに送りました。かなり図々しいというか、強引で、欲望丸出しの要求でしたが気にしませんでした。

チラチラ視線を送っていると、梨奈さんは携帯電話を数秒見たあと、私のほうへは目を向けずに、みんなと会話をしながら食事を続けました。

その横顔がほんとうに色っぽく、つい何度も見つめてしまいました。すると梨奈さんがすっと席を立ち、女性用トイレに姿を消すと、すぐにメールの返信をくれました。

「あんまりこっち見ないの！　みんなが変に思うでしょ？　あとで行ってあげるから食事が終わったら先に帰ってなさい」

梨奈さんは、いつだって私の気持ちを察してくれるのです。

人目を忍んだやり取りにまた興奮を覚え、ズボンの中のものがパンパンにみなぎってしまって、私自身も周りの目を気にして演技をしなければならなくなってしまいました。

部屋に梨奈さんが来たのは、私が帰宅して一時間ほどあとのことでした。お酒を飲んでいた叔父を車で家まで送ったあと、「どっかで数珠を失くしたみたいだから探してくる」と嘘をついてここまで飛ばしてきてくれたのです。

「証拠が残るようなことしちゃだめじゃない。さっきのメール、いますぐ消して」

たしなめられていっしょに証拠を隠滅すると、あまり時間がないという梨奈さんに急《せ》かされるように、私たちは立ったまま絡み合っていました。

しっとりとした礼服姿の梨奈さんを強く抱き締めながらディープキスをして、お尻をなで回し、タイトなスカートをじわじわとたくし上げました。

胸に感じる大きな乳房の柔らかさも味わいながら太腿のつけ根に指を押し当てると、そこはパンスト越しにもはっきりわかるほどに濡れていました。

梨奈さんもヤル気満々で来てくれたようです。

「下着が汚れちゃう……」

「もうとっくにベチョベチョだろ」

「そっちこそ、法要の間ずっと変なこと考えてたわけ？」

「礼服姿の叔母さん見てたら、なんかすごく興奮して……すごく色っぽかったから」

「ずっと見てくるからヒヤヒヤしたわよ。ここもふくらみっぱなしだったし」

ズボンの上からパンパンの股間をなで回され、ベルトをはずされました。私も礼服姿のままだったので、法要のときに感じたなまなましい親戚感がまた蘇《よみがえ》ってきました。

梨奈さんがゆっくりと膝を折って私のものを取り出し、上目づかいでこっちを見ながらフェラチオをしてくれました。

私は梨奈さんの頭を両手で抱えて、ノドの奥まで亀頭をグッと押し込みました。

「んんっ……むうっ……」

梨奈さんに対してこんなに荒っぽいまねをしたのは初めてのことでした。それでも梨奈さんは何も言わずに受け止めてくれ、さらに睾丸にまで舌を這わせたり、袋ごと口に含んで口の中で舐め回したりしてくれました。

お互いにいつもとは違う特別な淫靡さを感じていたように思います。

梨奈さんの黒いステンカラーのジャケットは前開きになっていて、私がそのボタンをはずすと、下はすぐ紫色のブラジャーでした。

たっぷりとした生白い乳房をブラごと手のひらですくい上げ、レースに透けた濃茶色の乳首を指でくすぐり、私は自分もしゃがみ込んで梨奈さんの首筋に唇を当てました。

梨奈さんが「あっ」と声をあげてノドをそらせます。ベッドはすぐそばにあるのですが、このときはなぜだか使いたくなくて、そのまま梨奈さんを絨毯の上に押し倒し、乳首を舐め回し、脚を開かせてパンスト越しに局部をくんくんかぎました。

梨奈さんが初めて部屋へ来たときに感じた、あの甘ずっぱいフェロモンの匂いをムンムンと感じました。

パンストをおろして片脚だけ抜かせ、紫色のパンティごとアソコを舐めると、梨奈さんが太腿をひきつらせながら「あぁっ」と高い喘ぎ声を迸《ほとばし》らせました。

私は鼻でパンティを横にずらし、舌を割れ目に突っ込んで、溢れる蜜をすくうようにして熱い粘膜を舐め回しました。そうしながら片手を上げて乳房をもみしだきました。

ブラジャーが上にズレて乳首が硬くとがっているのを感じながら梨奈さんの肛門にまで舌を這わせ、フーフーと息を荒くしつつ自分でズボンとパンツをおろしていきました。

顔を上げると、着衣を乱した梨奈さんが、絨毯に頬をつけて大きく開いた赤い唇をふるわせていました。

甥っ子に床の上で凌辱《りょうじょく》されて感じている叔母……そういうスリリングな情景に見えてゾクゾクするようなエロスを感じました。

私はズボンとパンツを膝のあたりにわだかまらせたまま、パンティの横から犯すようにして梨奈さんに挿入しました。

「あっ……あはあっ！」

いつになく余裕のない声をあげた梨奈さんが、ビククンッと大きくわななきました。

私は勢いよく腰を動かしつつ、梨奈さんの腰を引き上げるようにしてのしかかり、キスをして舌を絡ませながら打ちおろすようにピストンしました。

梨奈さんのアソコからグチュッ、グチュッと湿った音が高鳴り、そこに梨奈さんのなまめかしいうめき声が重なりました。

興奮状態の私はすぐ果てそうになってしまい、十秒ほどするとあわてて勃起を引き抜きました。そして梨奈さんをうつ伏せにさせ、骨盤を持ってお尻を高く上げさせておき、今度はバックの体勢で貫きました。

「ああぁっ……すごいの……硬いのがっ……あぁ、届いてる……」

息を乱した梨奈さんがいやらしく言いながら背筋をそらせ、絨毯に爪を立てました。

スカートが腰までまくれ上がり、ジャケットは羽織ったまま、パンストを片脚だけ脱がされてパンティの脇から犯されている梨奈さんは、お尻を高く突き上げるようにして悶えていました。

パンパンパンッと音が響くなか、私は片手でパンティの生地を細く絞って肛門を露にさせ、つかんだパンティを手綱のように使ってリズミカルに腰を打ちつけました。

梨奈さんのすみれ色をした肛門が開いたり閉じたりしているのが見えていて、その卑猥さに頭がどうにかなりそうでした。

なにしろ私は、ついさっきまでこの人の配偶者である叔父と顔を合わせていたのですし、そこには梨奈さんの姉である私の母親もいたのです。

絶対にしてはいけないことをしているはずなのに、どうしてこんなに気持ちいいのか……またイキそうになった私は腰の動きをゆるめると、前屈みになって梨奈さんの乳房を後ろからもみしだき、乳首をキュッ、キュッとつまみ上げました。

「あぁ、それダメッ……感じちゃう……んああっ、い、イクッ……！」

ブルルンッとお尻の肉を波打たせた梨奈さんが、いったん背中を丸めたあとでグチャッとつぶれ、いわゆる寝バックの体勢になりました。

腰を揺するたびに豊満なお尻の肉がムニュムニュと押し返してきて、「重なっている」というなまなましい感覚が、たまらなく甘美でした。

もしもこのとき梨奈さんの携帯電話が鳴らなかったら、そのまま射精まで一直線だったと思います。

机に置かれた梨奈さんのバッグの中から大きな着信音が鳴り響き、私も梨奈さんも思わず息を止めました。

「ど、どうする？　出る？」

「ううん、いい。たぶん旦那だし、大した用事じゃないからあとですぐかけ直すよ」

実直な叔父の顔が思い浮かんで罪悪感が一瞬だけ込み上げましたが、私の股間のものは絶頂寸前の硬さを保ちつづけていました。

着信音が鳴り終わると、私は壁の時計を見上げたあと、もう一度梨奈さんをあおむけに返して、再び正常位で勃起を根元まで挿入しました。

心も体も妙に昂《たかぶ》り切っていて、こんなふうに休憩を挟みながらなら、いつまででもセックスしつづけられるような気がしました。が、そろそろ帰してあげなければいけないようです。

私はあらためて梨奈さんを見おろし、家庭教師初日にも思ったように、やっぱりエッチだと感じながらラストスパートをかけました。

ピストンのたびに乳房が乱舞し、顔をゆがめた梨奈さんが必死のような目つきで私を見上げてきました。そして「あぁ……イクッ……イクゥッ！」とお腹から絞り出すように声を出し、膣をギューーッと締めてきました。

「すごく気持ちいいよ……叔母さんの中……ああ、すごい……」

いまにも暴発してしまいそうになり、私は天井を見上げて歯を食いしばりました。

自分の腰が勝手に動いてしまっているような気がしましたが、それは梨奈さんが骨盤をクイクイと激しく傾けていたからでした。

「そ、そんなに動いちゃダメだよ、叔母さん……出ちゃうよ！」

「いいの……今日は大丈夫な日だから、中に出していいのっ」

「ほ、ほんとに？」

いつもは絶対に外に出させる梨奈さんでしたが、この日はやはり特別な気分だったようです。私の気後れをよそに両脚を私の腰に巻きつけてきて、グッと自分に引き寄せました。

「だ、だめだ……もうイッちゃうよ……ああ、出る！　あぁぁあっ！」

「出して！　そのまま中に、いっぱいちょうだい！」

美貌をクシャクシャにして叫ぶ梨奈さんは、もう叔母でも親戚でもなく、メスそのものに見えました。そらせた首に血管を浮き上がらせて上気した顔を左右に振り、両手で私のシャツをつかんで無心に腰を動かしているのです。

「おおおぉぉんっ！」

激しい絶頂に至って吠える梨奈さんの膣が、ビクビクッとわななきながら締まってきて、私も同時に限界に達しました。

「あぁ、イクッ……出るっ！」

ドクドクというよりはビュルルルーッという感じで、精液が勢いよく噴き出したのがわかりました。梨奈さんの子宮が精液まみれになっているのが目に見えたような気がして、あわてて腰を引こうとしましたが、梨奈さんがまだ両足を腰に巻きつけていたのでできませんでした。

「いいいいいぃいぃいぃーっ！」

たなびくように叫んだ梨奈さんが、まだ連続してイキつづけていました。

私の射精もいつもより長く、文字どおり絞り取られている感じがしました。まちがいなく、このときの射精は私が過去に経験したなかでもっとも気持ちいいものでした。

私たちの秘密の関係は、その後も誰にも知られることなく続きました。同時に受験対策もしっかりと行ない、見事合格を勝ち取ったのは最初にも書いたとおりです。

ただし試験が終わってしまうと以降はさすがに会えなくなり、ほどなくして私は恋人と婚約をしました。

あれから二年、梨奈さんと礼服のままでしたあのセックスがいちばんよかったというのは、いまも変わっていません。

息子の隠された性癖を知った熟主婦……匂いたつ下着を脱ぎ捨て背徳の母子姦！

〔岩佐真美子　主婦・四十一歳〕

都内に住む、結婚十七年目の専業主婦です。

大手機械メーカーに勤める優しい夫と一人息子にも恵まれ、幸せな家庭を築いてきましたが、最近抱えている悩みがあります。それは息子との関係のことで、誰にも相談ができません。

そもそものきっかけは、一年前、息子の朋輝《ともき》が中学に入学したころにさかのぼります。

朋輝は体つきも小柄で性格もおとなしく、学校でも問題を起こしたことがない優等生でした。そんな息子が、そのころからどこか様子がおかしくなったのです。昔は素直で聞き分けがよかったのですが、妙に私に対してよそよそしい態度を取るようになりました。

やはり男の子のいる友人と話したところ、思春期だから気にすることはないと言われました。男の子は、そのくらいの年齢から母親と距離を置くのが普通なのだそうです。それで気楽になった私は、むしろこれから反抗期が来たらどうしようかと、そのときまではのんきに構えていました。

やがて朋輝が二年に進級してしばらくたった、ある日のことです。

夫と朋輝を送り出し洗濯をしているときに、私の下着がなくなっていることに気づきました。確かに昨夜、薄いブルーのショーツを入浴の着がえの際に洗濯機に放り込んだはずですが、干すときになっても見あたりません。そのときは、洗濯機の裏にでも落ちてしまったのかしら、くらいに考えていました。けれど、あらためて探してみても見つかりませんでした。結局その日は、私の勘違いでどこか別の場所に落ちているのかもと、もやもやした気分のまま過ごしたのです。

ところが翌朝、問題の下着を洗濯機の中で発見したのです。それもごていねいに、新たな洗濯物の間にまぎれこませてありました。チェックしてみると、ショーツのクロッチ部分がじっとりと湿っていたのです。首をひねりながら私は、その湿り気にふれた指先を鼻に近づけどきりとしました。むせ返るような青臭いその匂いは、明らかに男性の精液のものです。私のショーツを使って何が行われたか、考えるまでもありませんでした。

家の中のことですから、下着を隠した人間は限られます。けれど、夫にはそんな性癖はないはずですし、このところ仕事で忙しく、家に帰ってもすぐ眠ってしまう毎日でした。なによりも、同じベッドルームなのでそのようなまねをすれば、すぐに私も気づくはずです。

まさか朋輝が、とは思いましたが、やはり信じたくはありませんでした。もちろん、夫や他人にアドバイスを求めるわけにもいきません。

夕方、帰宅した朋輝が自分の部屋に入る前に、私は話があるからと、引き留めました。とにかく、夫が帰る前にはっきりさせなくてはなりません。

「話って何？」

キッチンの椅子に座った朋輝は、まったく気づかれていないと思っていたのでしょう。いつもと変わらない、素っ気ない調子でした。

私は内心でどきどきしながら、それでも意を決して言いました。

「あなた、最近、お母さんの洗濯物をいじってるでしょ？」

「え!?」

私としては遠回しのつもりだったのですが、息子はそれだけで私に知られてしまったと悟ったようです。さっと顔色を変えた朋輝は、私の視線を避けるようにうなだれました。

悪いほうの予感が的中してしまいショックを受けた私ですが、朋輝も性的な意味で子どもから大人になりかけているのだと感じました。そして、ここが息子が成長するうえで、肝心な時期だとも思ったのです。それで私はきつく注意をし、朋輝も反省している様子でしたから、この問題は解決したのだとほっとしたのでした。

けれど、私は若い男の性欲を甘く見ていたようです。

朋輝を叱ってから一週間ほどしたある日の洗濯中、私はまたショーツがなくなったことに気づきました。学校に行っていて不在だった朋輝の部屋に、今度は真っ直ぐ向かいました。そして、部屋中を徹底的に探し回り、ついにベッドマットのすき間からショーツを発見したのです。

その瞬間、怒りよりもどうしたらいいのかと、私は途方に暮れました。いくら性欲に目覚めたからといって、妙な性癖が身についてしまい、このままエスカレートすれば、他人の家の下着にも手を出してしまうおそれもあります。一度は注意をしたにもかかわらず、またこのようなことを繰り返したのですから、あながち考えすぎでもないと、不安がつのりました。

もちろん息子のことはかわいいし、それだけに道を踏みはずしてほしくありません。

母親の下着で自慰をするなんて異常なことですが、もしどうしても性欲が抑えきれないのであるなら、発散するのはせめてこの家の中だけに留めておいてほしいと思いました。

そして私は悩み抜いた末に、一つの結論を出しました。

私は夫が出張で帰らないという偶然に気づいて、実行するのは今日しかないと決心を固めたのです。

その日の夕方、前回と同じように何食わぬ顔で学校から帰宅した朋輝に、私は証拠のショーツを突きつけました。

「男の子が女の人のこういうものに興味を持つのはわかるけど、盗むのはよくないと思うわ。どうしてもやめられないの？」

「う、うん……」

朋輝は、うなだれます。

私はできるだけ穏やかな口調を意識しながら、勇気を振り絞って言いました。

「もし、どうしても我慢できなくなったら、お母さんに言いなさい。私にできることなら、なんでもしてあげるから」

「ほんとうに？」

顔を上げた朋輝は目を輝かせました。

「ほんとうよ。でも、親子なんだからセックスだけはできないし、ちゃんと秘密にするって約束だからね」

自分でもとんでもないことを言っているのは、理解していました。けれど、これ以外の方法は思いつかなかったのです。

「じゃあ、お母さんがいまどんな下着をはいているのか見せて」

「わかったわ。でも、ちょっと待って。その前にお風呂の支度をするから」

まず、日が暮れたとはいえ居間やキッチンでそのようなまねをすることが、どうにも許されない心境がありました。そして、おそらく息子は自分ですませると思ったのですが、彼の出した精液で部屋を汚されたくもなかったのです。このときの私は、自分がまだ冷静さを保っているという自覚がありました。

やがてお風呂が沸いたチャイムが鳴り、私は黙ってバスルームに続く脱衣スペースを目で示しました。

あとについて脱衣スペースに入ってきた息子の前で、私はさっそく服を脱いでみせました。こうなる覚悟もできていたので、恥ずかしいながらも、もうためらいはありません。その日はレース生地を多用した、薄紫色の上下の下着を身につけていました。

食い入るように私の下着姿を鑑賞する朋輝に、私は尋ねました。

「満足した？」

「お母さんのお尻をさわってもいい？」

「えっ？」

そして、私からいったん視線をそらした朋輝は、絞り出すように言ったのです。

「お母さんは、勘違いしてるよ。ぼくは別に下着が好きなわけじゃないんだ」

「だったら、どうして下着を盗んだの？」

「ぼくが興味あるのは、お母さんそのもので、下着は想像をふくらませるために使っていたんだよ」

私はうなずいて、後ろを向きました。

夫にも言われているのですが、私はぽっちゃりとした体型で、胸もお尻もかなり大きいほうです。そんな私のお尻を、朋輝は背後からベタベタとさわりながら、ズボンとブリーフを脱ぎはじめました。

「ちょっと、朋輝、何をしてるの？」

体をひねって様子をうかがうと、息子は剝き出しになったペニスを握りしめています。その光景に、私は生唾を飲み込みました。まさか成長した息子の自慰を見ることになるなんて、思いもしなかったのですから。

さらに何を思ったのか、お尻をさわる手をいきなり止めた朋輝は、その場にごろりと横になったのです。

「お母さん、お尻で顔を跨《また》いで」

「……こう？」

私は言われるままに、あおむけになった息子の顔の上に跨《またが》りました。そのままお尻をおろすと、朋輝は下着の股間に顔を埋《うず》め、悦んで匂いをかぎながらペニスをしごきます。

恥ずかしいやらくすぐったいやら、私は次第に妙な気分になってきてしまいました。

「そんなところに息を吹きかけないで」

下着越しとはいえ、朋輝の生温かい息を感じた私はお尻をくねらせます。

同時に、肩越しに盗み見る息子の自慰行為を手伝いたいという気分になってしまいました。

「ねえ、朋輝、下着よりも私そのものに興味があるって言ったわよね。だったら、全部見せてあげるから、あなたも脱ぎなさい」

私はその場でブラジャーとショーツを脱ぎ捨てると、息子の手を引きバスルームに向かいました。

全裸で向き合った私は、それまで意識したことのなかった息子の成長に目を見はりました。いつの間にか朋輝の身長は私よりも高くなっていて、肩幅もがっしりしています。なにより驚かされたのは、すでに毛が生え揃った股間の中央で、ほぼ垂直に立ち上がっている息子のペニスでした。

先端こそまだピンク色でしたが、すっかり大人のそれの形状になっていたのです。大きさも夫のそれと遜色がないように思えました。

そんななか、しばらくの間、私の体を舐めるように見つめていた朋輝が、叫ぶように言いました。

「お母さんのあそこ、舐めさせて!」

私は息子に請《こ》われるまま、バスルームのタイルに横たわり軽く太腿を広げます。朋輝は私の股間に顔を近づけると、いきなり顔を近づけてきました。無我夢中でテクニックも何もない、荒々しい舌の動きとあそこへのキスを繰り返します。

最初はとまどいましたが、やがてそんな稚拙《ちせつ》さがかえって新鮮な快感となって、私を呑み込みはじめました。

「今度は私がしてあげる」

「えっ？」

思わず顔を上げた朋輝を中腰にさせた私は、彼のペニスを握りました。手の中に伝わる硬さと熱さに、私の動悸《どうき》は激しくなります。

私はゆっくりと息子のペニスをしごきはじめ、表情を観察しながら徐々にその動きを速めていきました。

「もっと気持ちよくしてあげるわ」

いまは目をつむり荒い呼吸になっている朋輝のペニスを握ったまま、私はその先端にそっと唇を近づけます。いろいろな感情が押し寄せ、ほんの数秒間、躊躇《ちゅうちょ》した私でしたが、思いきってそのままペニスの先端を口に咥えました。

その瞬間です、朋輝は急に腰を引くとうめくように叫んだのです。

「だ、だめだ！　出ちゃうよ！」

逃げる間もなく、そむけた顔に息子の精液が、文字どおり叩きつけられました。夫のそれとは、まるで勢いが違います。量も驚くほど多く、ペニスが脈打つたびに顔から、肩や胸へと息子の精液がまき散らかされます。その熱さと強い匂いに、私はぼーっとしてしまいました。

とにかくシャワーを浴びて、朋輝にかけられたものを洗い流した私は、恥ずかしそうに股間を押さえて立ちつくしていた彼を、背後から柔らかく抱き寄せました。そのまま、片方の手で持ったシャワーヘッドで朋輝の股間にお湯を当て、もう片方の手でていねいに洗います。

これが若さなのでしょう、朋輝のペニスは勢いを失うどころか、いっそう硬さを増して上を向いていました。間隔こそ広がってはいたものの、脈打ちも収まらず、ときどきピクリと小さく動き、精液を垂らしているのでした。

その光景、そしてバスルームに充満したむせかえるような青臭い匂いに、私はもう母親ではいられなくなってしまったのです。自分勝手な言いわけが許されるなら、ここ一年間ほど、夫とはセックスレスだったことも原因にあるかもしれません。

私は朋輝の背中に胸を押し当て、耳元で尋ねました。

「どう？　満足した？」

「ありがとう、お母さん、おかげでスッキリしたよ」

けれど私は、あえて意地悪っぽい口調で言ったのです。

「嘘おっしゃい、まだこんなになっているくせに」

私は右手で、息子の硬いままのペニスを、じらすようにもてあそびました。

「うっ、お母さん！」

「次は、朋輝がお母さんのお願いを聞く番よ」

それで私と朋輝は、連れ立ってバスルームを出たのです。

それぞれがバスタオルを使っている間も、ときどき横目で盗み見た朋輝のペニスは、ずっと勢いを保ったままで、これから起こることへの興奮を高めつづけたのでした。

お互いに裸のまま、夫婦の寝室に入った私たちは、ベッドで抱き合うとキスをしました。

「お、お母さん、それで、どうすればいいの？」

「最初は、あなたの好きにしてみなさい」

その言葉に息子は上になり、私の胸をいじくり回し、乳首を吸いました。

正直に言ってぎこちない愛撫でしたが、まだ朋輝が赤ん坊だったころを思い出させてくれました。けれど、私の下腹にふれている息子のものは、もう立派な大人のものなので不思議な気分です。

「気持ちいい？」

私は朋輝の右手首をつかむと、自分のあの部分にふれさせました。

朋輝のペニスがいきり立ちつづけているように、私のその部分もバスルームでの出来事からずっとぬめりつづけています。

「濡れてるでしょ？　これって、女の人が感じているからなのよ」

本音を言えば、私はすぐにでも息子のものが欲しかったのですが、わずかに残った母親の部分が、自分から言うことをためらわせていました。

そしてついに、私の待ち望んでいたひと言が、彼の口から出たのでした。

「入れたいよ、お母さん……入れてもいい？」

私は無言で足を広げました。

それを見た朋輝は私にのしかかり、あわてた様子でペニスを突き立てようとしますが、なかなか入りません。

そこで私は、あせった表情の朋輝の背中を軽くさすりながらささやきました。

「初めてだものね、うまくいかなくても仕方ないわ。私がしてあげるから、あおむけになってじっとして」

素直に従った朋輝と体を入れ替え上になった私は、彼のお腹に張りつく角度に勃起していたペニスの根元を握りました。そのまま、先端を濡れたあそこの入り口にあてがうと、ゆっくりとお尻を落とします。

「ううっ！」

息子のペニスが少しづつ私に挿入され、ついには根元まで収まりました。

「あっ！」

「すごい、お母さん、すごく気持ちいい！」

「朋輝の、すごく硬い！」

快感が背中を走り抜け、息子と一線を超えてしまったという罪悪感など、完全に吹き飛んでしまいました。

私がすぐに腰を動かしはじめたのも、さらに快感を得たいという本能なのでしょう。すぐに私のあの部分が、意志とは関係なく息子のペニスを包み込み、密着する感触がやってきました。それに合わせて快感も強まり、腰の動きも速まります。

けれど、ペニスが出入りする音を耳にしながら、絶頂が近いと思ったそのときでした。私の下で歯を食いしばっていた朋輝が、不意に訴えたのです。

「お母さん、もうだめだ！」

「えっ？」

思わず動きを止めた私の中で、息子のペニスがビクンビクンと動くのがわかりました。大量の精液が噴出する熱さも感じます。

もう少しというところで、置いてきぼりになった気分でした。けれど、朋輝は初めてのはずですから、こればかりは責められません。

「お母さん、ごめん……」

しばらくそのままの姿勢でいたあと、朋輝は私から抜くと申し訳なさそうな表情を浮かべました。おそらくは、私の中に出してしまったことに対してそう言ったのでしょう。

私はあの部分から溢れ出している息子が注いだものを、ティッシュでぬぐいながら微笑を作りました、

「ううん、大丈夫だから気にしないで。それより、まだできそう？」

朋輝は返事代わりに、私を抱き締めました。

若い男の性欲はまるで衰えることがなく、二度も出したというのにまるで収まっていません。

一方、私の熟した女の性欲も、中途半端なままで終わらせたくありませんでした。

「お母さん！」

「次は朋輝が上になってね」

むしゃぶりついてきた朋輝の、まだ乾ききらずぬるぬるとしたペニスに、私は手を

添えて誘導します。今度はスムーズに私の中へ入ってきました。

「お母さん、気持ちいい？」

「動いて！　好きなように動いて、朋輝！」

私は息子の背中を抱き寄せ、喘ぎ声をあげてしまいます。

さすがに三度目ですから、多少は長持ちをしてくれました。おかげで私は今度こそ絶頂に昇りつめることができたのです。朋輝も満足の吐息を吐きながら、私の絶頂に合わせて発射したのでした。

こうしてベッドをともにした私たち母子は、朝方にもう一度交わいました。息子の性欲を満たすはずが、かえって私のほうが快楽にのめり込んでしまった格好です。

一線を越えてしまった私と息子は、夫の不在のときに、いまでも淫らな行為にふけっています。関係を持つたびに朋輝のセックスは目に見えて上達し、果てしない若い性欲もあり、いまでは一回の行為で何度も私に絶頂を味あわせてくれるほどになりました。

このままではあと戻りできなくなりそうで、悩んでいる私なのです。

同居する義娘の肢体に魅せられた義父
久しぶりに漲る老肉棒を抑えきれず……

［上川正信　無職・六十五歳］

息子夫婦との同居を始めて二年になりますが、先日とうとう息子の嫁と肉体関係を持ってしまいました。

二世帯住宅は息子から持ちかけられたことで、私としては古い住宅に妻と二人で老後を送るつもりだったのです。でもまあ、都心で新たに家を建てるのは若い二人にはたいへんなことだろうし、息子は一人っ子でほかに財産を分ける兄弟もおらず、残りのローンを息子が払うならそれもよかろうと、私の退職金を頭金にして二世帯住宅に建て替えたのです。

台所から風呂トイレ洗面台まで完全別の新居ですが、妻と息子の嫁、晴恵《はるえ》さんは仲がよく、四人で食事をすることも多い毎日です。息子は最近のサラリーマンにしては出張がちで、そんなときは晴恵さんと私たち夫婦の三人で食卓を囲むのでした。

晴恵さんは恵まれない家庭で育った人で、幼いころに両親が離婚して、母親の女手ひとつで育てられたのですが、その母親ともけっして折り合いがいいわけではないようでした。家庭のぬくもりを求めていた晴恵さんにとって、私たち義両親とのつきあいはうれしいことのようで、聞けば、二世帯住宅ももともとは晴恵さんが言い出したことだったようです。

ほんとうは息子よりも娘が欲しかったという妻も晴恵さんをかわいがり、晴恵さんも妻を慕《した》っている様子で、いわゆる嫁姑の確執というものとは無縁でした。

その日は、息子が出張で、妻は女学校時代の同窓会で温泉一泊旅行に出かけ、私と晴恵さんの二人きりでした。食卓に二人で向き合い、晴恵さんの作った食事を食べていると、新婚時代の妻との生活が思い出されてなんだか妙な感じでした。こうして晴恵さんと二人きりになることは、それまでなかったように思います。

「私、お義父《とう》さんに相談したいことがあって……」

そんなふうに切り出した晴恵さんの相談というのは、夜の生活のことでした。どうやら息子と晴恵さんはセックスレス気味のようです

「私に女としての魅力がないのかもしれませんけど……」

そんなことはない。ただ仕事が忙しくてそれどころじゃないということだろう、と

いうようなことを言いました。私自身身に覚えがあります。男の三十代は仕事に夢中になって、それ以外がおざなりになるものです。清楚《せいそ》な印象の晴恵さんですから、若い男にはもっとわかりやすくセクシーな雰囲気を出さないと通じない、ということはあるかもしれません。

「たとえば、ちょっとエッチな下着をつけてみるとかですか？」

「ああ、まあ、そういうこともあるかもしれない」

私は言葉を濁しました。息子の嫁と、エッチな下着の話なんかしたくありません。落ち着かない気分です。義理とはいえ、娘を相手との性的な話はするものではありません。

「実は私もそう思って、ナイトウェアをひと揃え買ってみたんです。さすがに恥ずかしくて、まだ一度も着てませんけど」

どぎまぎする私に気づいているのかいないのか、晴恵さんがそんなことを言います。

「そうだ！　一度、お義父さんにも見てもらおうかな……」

絶句する私を尻目に、晴恵さんは食事を終えると自分たちの居住域に戻っていきました。取り残された格好の私はそのまま一人で食事を続け、食べ終わると片づけを始めました。

皿洗いも終えて食後のコーヒーをいれましたが、晴恵さんが戻る気配はありません。きっと、見せるとは言ったもののさすがに恥ずかしくなって、そのまま戻る気をなくしたんだろう。私はそう思い、一人でリビングのソファに座ってコーヒーを飲み、テレビを眺めていました。

「お義父さん……」

背後からの声に振り返った私は、言葉をなくして黙り込みました。晴恵さんが、彼女の言うナイトウェアを着て立っていたのです。見せるというのは、ただ持ってきて見せるのではなく、着て見せるという意味だったのです。それは時間もかかるでしょう。どうやら化粧もしているようでした。

「そんなにじろじろ見ないでください。恥ずかしい……」

凝視したまま固まっていた私はあわてて目をそらそうとしましたが、どうしてもそれができませんでした。私の目は晴恵さんに釘づけでした。

ネグリジェというかキャミソールというのが正しいのかよくわかりませんが、膝上丈のシースルーの布地を透かして、黒を基調にした布地を濃い赤紫のフリルが縁取る下着が見えています。プレイボーイ誌の表紙のような、まさに男の妄想を具現化した姿でした。下着の面積はあくまで小さく、乳房や股間をおおい隠すというより、逆に強調するようなデザインです。ふだんの清楚なイメージに引っぱられて、スレンダーなタイプだと思っていましたが、それは明らかに見当違いでした。晴恵さんの乳房はたわわに大きく、ほとんど巨乳と言ってもいいくらいです。ウエストはぎゅっと締まり、柔らかな曲線が豊かなお尻へと続いています。食い込んだTバックのパンティは、前面の布地も小さく、陰毛を隠しきれていませんでした。

その奥にある女性器を暴《あば》きたい。すでに渇望《かつぼう》と言ってもいいくらいの強い衝動が込み上げました。

「……それで、あの、どうでしょうか？」

晴恵さんの言葉に、やっと私は我に返り、あわてて目をそらしました。何をやっているのでしょう。息子の嫁に欲情するなんて。私は衝動を抑え込み、妄想を振り払いました。

「……ああ、うん。すごくいいんじゃないかな」

あえて素っ気ない言い方をしたつもりでしたが、声がうわずってしまい、内心のどきどきはちっとも隠せていませんでした。でも晴恵さんにはわからなかったようで、不満げに唇をとがらせました。

「本気で言ってくれてます？　そんな言い方じゃ、適当にあしらわれちゃったみたいですよぅ……」

傷つけてしまったなら、それは本意ではありません。確かに、義父である私にあられもない格好を見せるのは、それなりの決心が必要であったに違いなく、そこはくまなくてはなりません。

「いや、ほんとうに魅力的だと思うよ。すごくセクシーだ。息子はもちろん、どんな朴念仁《ぼくねんじん》でも、その姿で誘えば断れないよ」

私は明後日の方向に目を泳がせながら、言葉を連ねましたが、まだ晴恵さんは納得していないようでした。

「こっちを見て言ってくださいよぅ……」

見るなと言ったり見ろと言ったり、困ってしまいますが、確かに目を合わさずに何を言っても気持ちは伝わりません。私は意を決して晴恵さんに目を戻しました。

あらためて見る晴恵さんの姿はやはり扇情的で、私は思わずツバを飲み込みました。ごくりとノドが鳴る音は晴恵さんにも聞こえたと思います。

「……とても、素敵だよ」

私はやっとそうとだけ言いました。それ以上の言葉が出なかったのです。

「本気でそう思ってるって、証明できます？」

そんな無茶を言いながら、晴恵さんは私の座るソファに近づいてきました。香水の香りが強く匂い立ちます。晴恵さんが私の隣に腰をかけました。眼下に巨乳が作る谷間がありました。

私は自分の股間の発熱に気づかないわけにはいきませんでした。勃起の前兆でした。つい自分の股間を見おろすと、晴恵さんがその視線を追いました。

「……もしかして、勃《た》っちゃいました？」

「いや、それは、その……」

私は言葉を濁して、股間のふくらみがバレないように足を組んでごまかそうとしましたが、そうはいきませんでした。晴恵さんの手が伸びて、私の股間をまさぐったのです。

「あ、何するの？　だめだよ」

晴恵さんの手を振りほどこうとしましたが、すでに勃起を悟られ、しかもズボンの上からとはいえ、ペニスを握られてしまっては何をしてもむだというものです。それどころか、晴恵さんの手の感触が股間の血流を助長し、いまや完全な勃起状態になろうとしていました。

「こんなに硬くなってる。うれしい。でもちょっと窮屈そうでかわいそうかも……ねえ、お義父さん、外に出してあげてもいいですか」

「いや、それはいけない。あ、こら、だめだったら」

晴恵さんは私が制止するのも聞かずに、チャックをおろし、手指を差し入れてペニスに絡ませました。妻以外の他人の手でふれられるのは何十年ぶりのことでした。その妻との行為にしても、十年以上も前のことです。息子が大学に入学して実家を出た十年ちょっと前、久しぶりに妻と二人の生活になったころ、セックスに誘いました。妻も断りませんでしたが、あまり楽しくはなかったようで、結局そのときの一回が最後になりました。私としてはいまでもしたい気持ちがあるのですが、妻が望んでいないことを無理強いするわけにはいきません。

そんな私にとって、晴恵さんの指先は歓迎すべきものでした。心ではいけないことだとわかっていても、体が喜んでいることを否定できませんでした。晴恵さんの手指が軽く絡んだだけでも、思わず腰が引けてしまうほどの気持ちよさだったのです。

晴恵さんは私のペニスを露出させると、あらためて絡めた手指で、いとおしそうに握りました。

「風呂もまだ入ってないし……」

自分でも変なことを言っている自覚がありましたが、息子の嫁の目の前に汚れた亀頭をさらすことに羞恥心があったのです。

「ほんとう。ちょっと、臭いですね」

晴恵さんはいたずらっぽく笑うと鼻先を亀頭に近づけて、ことさらに鼻を鳴らしてその匂いをかぎました。

「でもこの匂い、嫌いじゃないです」

そう言うと晴恵さんは、あれよあれよという間にフェラチオを始めてしまったのです。晴恵さんは、すぼめた唇でチュッと音を立てて亀頭にキスすると、舌で縁をなぞるように舐めました。何度か同じ動きを繰り返したのち、今度は茎を舐め下り、玉袋にもキスをして、今度は裏筋を舐め登りました。

「ああ、そんなこと……」

あまりの気持ちよさに、私は腰が抜けてしまったように身動きもできずに、されるがままになっていました。

「お義父さん、気持ちいいですか?」

「ああ、気持ちいいよ。でも、やっぱりこんなことはいけない……」

私はそう言いましたが、快感に語尾が震え、説得力も何もあったものではありませんでした。

「お義父さんも、ずっとご無沙汰なんでしょう？」

絡ませた手指で陰茎を優しくしごきながら、晴恵さんが言いました。どうやら妻に聞いて、私たちもセックスレスだと知っているようでした。

「パートナーに相手をしてもらえない同士がお互いを慰《なぐさ》め合っても、それは仕方のないことじゃないでしょうか」

そう言うと晴恵さんは身を起こして、私の正面に立ちました。彼女の妖艶な下着に飾られた豊満な肉体が目の前にありました。

「さわってもいいんですよ？」

尻込みする私の手を取って、晴恵さんが自分の胸に導きました。ナイトウェア越しに、若々しく張りつめた乳房の感触が伝わります。

「はぁあ……」

晴恵さんが鼻にかかったため息をつきました。感じているようでした。私は両手で左右の乳房を軽くつかんでなでさすり、やや指先に力を込めてもみました。見たい。心底そう思いました。晴恵さんのおっぱいが見たい。指先にも柔らかい扇情的な美しい下着でしたが、そんなささやかな布地でさえいまや邪魔でした。

「脱がせてもいいんですよ？」

「でも、それは……」

ふがいなくも、まだ私は躊躇していました。

「私が、そうしてほしいんです……」

晴恵さんのその一言が、私のなけなしの自制心をとうとう最後のひとかけらまで、すっかり吹き飛ばしてくれました。

私は晴恵さんにうなずきかけると、背中に回した手をシースルーの中に差し入れ、ブラジャーのホックをはずしました。ぼろんと形のいい巨乳がこぼれ出しました。肩ひもの抜けたシースルーの生地は腰のあたりまでめくれ落ちました。やや大きめの乳輪の中央に、こちらはやや小さめかと思える乳首があり、すでに硬くしこりを持って起立していました。重さをはかるように、下から軽く持ち上げるように揺らしました。重量の感じられる巨乳がゆさゆさと魅力的に揺れます。

私はやわやわと乳房全体をもみしだきながら、中心の乳首に指先を向けました。

「あうん……」

ビクンと晴恵さんは背筋をそらして敏感に反応しました。指先で乳首を優しくつまみます。しこりを持って立つ乳首をくりくりとこねました。

「ああ、あうん……」

晴恵さんは全身をくねらせて感じていました。切なげな表情が男心を刺激します。

私はたまらなくなって身を乗り出すと、乳首に吸いつきました。

「あん、ああん」

晴恵さんの喘ぎ声を頭上に聞きながら、私は夢中になって口の中で乳首に舌を絡ませながらちゅうちゅうと吸いつきました。大きな喜びと安らぎが胸に込み上げます。背筋がそり返り、ともすれば離れそうになる晴恵さんの上半身でしたが、私は背中に手を回して逃がさないように支えます。晴恵さんも私の頭を抱え込むようにしてそれにこたえました。まるで母の胸に抱かれる幼児のように、私は夢心地で乳首を吸いつづけたのです。どのくらいそうしていたでしょう。息継ぎのために顔を離した私は、晴恵さんと見つめ合いました。

「ねえ、こっちも、さわってください……」

頰を上気させ、目をうるませて、ますます淫蕩《いんとう》な顔つきになった晴恵さんはそう言って、また私の手を取りました。導かれる先は言うまでもなく下半身です。腰だめになったシースルーを床に落とし、フリルに飾られた下着の上から肉厚の恥丘にふれました。私はそこで初めてパンティの仕かけに気づきました。股間の奥に布地の切れ目が作ってあったのです。脱がさなくても直接性器にふれられるというわけです。華麗なフリルの奥に、生のフリル、すなわち陰唇のびらびらがある仕かけでした。

私は布地の奥に指先を進めました。陰部は、すでに潤沢に愛液をたたえていました。

「あああん……」

晴恵さんが大きく腰をくねらせて反応します。私は充血した陰唇をかき分けてさらに奥を目指して指先を進めました。ぽっかりと開いた膣口が、ぬるぬるとぬめりを持って指先を迎えます。ずっぽりと、いとも簡単に私の指が膣孔に深々と呑み込まれました。

「はぁああ……！」

今度はうねる腰を抑えなくてはなりませんでした。私は尻に腕を回して抱きかかえました。勢い余って、晴恵さんの片足がソファの上に一歩を踏み出しました。自然と私の目の前に股間がさらされることになりました。深々と指を咥え込む膣口はもちろん、その手前の肥大したクリトリスまでがよく見えました。それは包皮から半ば顔を出していて、粘液にまみれてピンク色の真珠のようにつやつやと光っていました。私は迷わずそこにむしゃぶりつきました。

「あぁあん！　そこ、だめ。そこ、そんなふうにしたら、刺激強すぎます。感じすぎちゃうんですぅ……！」

頭上にそんな声を聞きながら、私はクンニリングスをやめませんでした。クリトリスにむしゃぶりついて、包皮から引っぱり出したクリトリス本体を、舌先を絡めて吸い上げました。同時に膣内に挿し込んだ指をうねらせて、最奥部に届く指先で内壁の肉ひだをこねくり回しました。晴恵さんの腰がのたうち、恥骨が鼻面にぶつかりますが、そんなことは気になりません。鼻腔に満ちる女陰の刺激臭が、私に我を忘れさせたのです。

一方、ペニスは疼痛《とうつう》を伴うほどに張りつめていました。これほどの勃起は思春期以来ではないかと思えるほどの完璧な勃起でした。こうなってしまえばもう誰にも止められません。指を抜き、顔を離した私は、晴恵さんの腰を抱え込んで、私の下腹部の上に座らせようとしました。片手をペニスに添えて、亀頭先端を膣口に向かわせます。

私の意図を察した晴恵さんが腰に体重を乗せて、膣口が亀頭に押し広げられます。指ほど簡単ではありませんでしたが、それでも陰茎はほとんど何の抵抗もなく膣孔にずぷずぷと呑み込まれていきました。亀頭が膣内を切り開いていく感覚がありました。ペニスは深々と挿し込まれて、亀頭先端が膣内最奥部に届きました。

「ああ、奥まで入ってます。届いてます。奥に、いちばん奥に当たってます……！」

性器挿入を果たしてひと息ついた私たちは、あらためて正面から見つめ合いました。

これほどの間近にお互いを見るのはもちろん初めてでした。晴恵さんはほんとうに美しい人でした。その淫靡に震える唇を味わいたい。そう思いました。晴恵さんも同じように思っていることが伝わりました。私たちは微笑みを交わし、そして唇を重ねました。

フェラチオとクンニリングスのあとでのキスでした。順序が逆になってしまいましたが、それゆえの感動もありました。お互いの唾液の奥に自分の性臭を感じながらのキスです。愛液と我慢汁と唾液の混じり合った味がしました。お互いの舌を夢中で絡ませ合いました。ずっとこうしていたいと思いましたが、下半身のほてりがそれを許しません。やがて私たちはどちらからともなく腰を動かしはじめました。

「ああ、気持ちいいです……！」

晴恵さんはびくびくと痙攣しながら腰をうねらせます。私はタイミングを合わせるように下から突き上げました。お互いの性器がこすれ合って快感はどんどん増していきます。私たちはキスをし、熱く視線を絡ませながら、激しいピストン運動を続けました。

「ああ、イキます。私、もうだめです！　我慢できません。もうだめ、もう限界。イキそうです。イキそうなんです……！」

私もそう長くもちそうにありませんでした。腰にだるい射精の前兆が感じられました。私たちは一気にスパートをかけました。ガンガンと下腹部が衝突して、膣口あたりの愛液が泡立って白くメレンゲ状態になっていました。

「あああああああ！」

晴恵さんがのけぞって大きく叫び、私たちはほとんど同時に絶頂に達したのです。がっくりと脱力して、私たちはソファに並んで身を預けました。しなだれかかる晴恵さんを私が膝枕する格好になりました。

射精したばかりでなえたペニスが晴恵さんの目の前にあり、晴恵さんがフェラチオを始めました。まとわりつく愛液を舐め取ろうというものでしたが、晴恵さんのフェラチオはいつまでも続きました。そうされていると軽く半勃起状態にはなります。

「あら、元気。お義父さん、もしかしてもう一回できるんじゃないですか？」

上目づかいで私を見上げる晴恵さんの目に淫蕩な影が差します。とはいえ、さすがに二回連続なんて無理です。なんとか行為に及んでも途中で中折れするのは目に見えています。ひと言で言えば、若くはないのです。あらためて自分の年齢を思い、年がいもなく若い女性相手に欲情したことに恥ずかしさと申し訳なさが込み上げました。

「中高年に無理言うもんじゃないよ」

私の自分の年齢を卑下する口調に気づいた晴恵さんがあわてて言葉を繫ぎます。

「私、年上の人が好きなんです……昔からそうなんですよ」

問わず語りに晴恵さんが語ったところによると、彼女の性の目覚めは早く、高校生のころに母親の恋人とそういう関係になったのだとか。父親不在の幼少期を取り戻すように実母の恋人を誘惑したらしいのです。母親との折り合いが悪いのもうなずけます。どうやら晴恵さんは生来の魔性系なのかもしれません。

さておき、それ以来私たちの関係は続いています。妻や息子にバレたらどうしようと落ち着かない日々です。それにもし晴恵さんが私の子を妊娠したら、どうすればいいでしょう。私と息子は血液型も同じですからごまかせるかもしれませんが、そういう問題ではありません。自分の子を孫として見守ることができるでしょうか。とても不道徳で不謹慎で、想像するだけでも恐ろしいことのように思えてなりません。

それでも晴恵さんの若い肉体の魅力にはあらがえず、誘われるたびに応じてしまう私なのです。

第二章

本能のままに肢体を求めあう男女の素顔

欲求不満の兄嫁から夜這いされた私……完熟マ○コで筆下ろしされた甘美な記憶

［笹口順平　会社員・三十二歳］

これからお話しする体験談は、いまから九年前の出来事になります。

就職先で三カ月の研修を終えた私は、地方の支社に配属することが決まり、報告がてら兄の家に遊びにいきました。

兄は当三十五歳、大学進学で上京し、卒業後は帰郷せずに東京で就職しました。結婚は、三十歳のときだったでしょうか。一回り年下の私も大学に入ったばかりのころで、なにかと頼りにしていたことを覚えています。

兄嫁の可菜子《かなこ》さんは三十一歳で、こちらはとてもきれいで優しく、私にとってはまさに理想の夫婦像でした。

兄が購入した一軒家はこじんまりしていましたが、とてもしゃれていて、自分も早く結婚して、こんな家に住みたいとよく思ったものです。

「配属先は、どこに決まったんだ？」

「それが……博多なんだよ」

「博多かぁ、ちょっと遠いな」

「簡単には会えなくなるわね」

可菜子さんがさびしそうにつぶやき、しんみりとした雰囲気がただよいました。

「まあ、でも二年後には本社に戻ってくる予定だから」

「あくまで予定だろ？　どうなるか、わからんぞ」

「やだなぁ……脅かさないでよ」

「向こうには、いつ発《た》つの？」

「二週間後、部屋の解約はしたけど、これから引っ越し作業がたいへんだよ」

「ま、それは仕方ないな。一刻も早く仕事を覚えて、出世せんとな。しばらく会えなくなるんだから、今日はとことん飲め」

「え、でも……」

「いいじゃないか！　明日は日曜だし、泊まってけばいいんだから」

その日はお祝いと称し、可菜子さんが酒のつまみを次から次へと運んできて、私はベロンベロンになるまで飲まされました。

そして、そのまま兄の家に泊まることになったんです。

一階の角にある客間で、どれくらい眠っていたのか。

妙な感覚に目覚めると、掛け布団が剝がされ、常備灯のオレンジ色の光がともるなか、足元で人影がうごめいていました。

いつの間にかパジャマズボンとトランクスがおろされ、驚いたことに、可菜子さんが私のチ〇ポを舐めしゃぶっていたんです。

「あ、あ……」

兄の自宅の客間だということはすぐに気づき、最初は恐怖心が全身をおおい尽くしました。

「ね、義姉《ねえ》さん!?」

あわてて頭を起こしたところ、彼女はうつろな表情で答えました。

「そのまま寝てて、私からのお祝いよ」

「お、お祝いって!? くっ!」

「ふふっ、順平《じゅんぺい》くんのおチ〇チン、硬くて大きいわぁ……ンっ、ふっ、ンっ、ぷっ、くふぅっ」

可菜子さんは再びペニスを舐めだし、大量の唾液をまぶしました。こんな場面を兄に見られたら、冗談ではなく殺されてしまいます。

「に、兄さんは!?」

裏返った声で問いかけると、可菜子さんは色っぽい眼差しを向けて答えました。

「寝室で高イビキをかいて寝てるわ。あの人、一度寝たら朝まで起きないし、心配しなくて大丈夫よ」

確かに兄は眠りが深く、ちょっとやそっとのことで起きないことは知っていました。多少なりともホッとはしたのですが、それでもこんな行為は許されるはずもありません。

「や、やばいよ、義姉さん、やめて……あっ」

泣きそうな顔で懇願した瞬間、彼女はペニスをまたもや咥え込み、猛烈な勢いで顔を打ち振りはじめました。

「くおおおっ」

お恥ずかしい話ですが、当時の私は童貞で、異性とは手を繋ぐどころか交際経験すらなかったんです。

もちろんフェラチオは初体験で、この世のものとは思えない快楽に理性が吹き飛びました。

「あ、あぁあっ」

じゅっぷ、くっちゅ、ぶちゅっと可菜子さんはけたたましい音を立てて、チ○ポをしゃぶり立てました。

しかも首を螺旋《らせん》状に振り、ペニスを根元から先端まで引き絞ってくるのですからたまりません。

私はあまりの気持ちよさにのけぞり、思わずシーツを引き絞りました。

「ふふっ、気持ちいい？　もっともっと気持ちよくさせてあげる」

可菜子さんもかなり酒を飲んでいたので、酔っていたのはまちがいないと思います。

目はとろんとしていましたし、頬もリンゴのように赤く染まっていましたから。

とはいえ、夫の弟に淫らな誘いをかけてくるとはどうしても信じられず、夢を見ているのではないかと何度も考えました。

とろとろの唾液で照り輝くペニスがとてもいやらしく、射精願望は自分の意思とは無関係に上昇していきました。

このままでは、彼女の口の中に放出してしまいます。

私は全身を痙攣させつつ、我慢の限界を訴えました。

「あ、出ちゃう、出ちゃうよ！」

にもかかわらず、可菜子さんはさらに顔のピストンを速め、体の奥底から欲望のかたまりが渦を巻いて迫り上がりました。

「イクっ……イクっ!」

「……ンっ!?」

心地いい射精感が神経を麻痺させ、同時に顔の打ち振りがストップしました。

「ぷふぁっ、やあっ」

可菜子さんが口からペニスを抜き取るや、先端の切れ込みから精液がぴゅるんと迸りました。

はっきり覚えてはいないのですが、三、四回は跳ね上がったと思います。

「すごい量! 全部飲めないわ」

彼女は驚きの声をあげてペニスを執拗《しつよう》にしごき立て、私は身を硬直させたまま快楽の海原へと放り出されました。

「あ、あ、あ……」

頭の中が真っ白になり、意識が次第に薄れ、私は失神状態に陥《おちい》りました。

「順平くん、大丈夫? ふふっ、かわいいわぁ」

気を失っている間、可菜子さんは体に飛び散った精液をティッシュでていねいにふき取ってくれたようです。

息がととのいはじめたころ、下腹部にまたもや快感の高波が押し寄せました。目をうっすら開けると、可菜子さんが汚れたペニスを口に含み、お掃除フェラをしていたんです。

「あ、あ」

「ふふっ、すごいわ。あんなにたくさん出したのに、まだ勃起したままよ。そんなに溜まってたの？」

確かに性欲の嵐は落ち着く気配を見せず、いまだに吹き荒れていました。

何せ童貞でしたから、すべての経験が刺激的かつ新鮮で、可菜子さんの体から発せられるフェロモンに牡の本能が完全に覚醒したようでした。

「ふふっ、もう二回ぐらいはイケそうね」

溜め息混じりに放たれた言葉にドキリとし、心臓が張り裂けんばかりに高鳴りました。もしかすると、童貞を捨てられるのではないか。

期待感と喜びが風船のように膨れ上がり、モラルはもちろん、兄の存在すら頭の中から消し飛びました。

可菜子さんが立ち上がりざまブラウスを脱ぎ捨て、スカートをおろしはじめると、鼻の穴が目いっぱい開きました。

なんと、彼女は深紅のセクシーランジェリーを身に着けていたんです。

異様に布地面積の少ない総レース仕様の淫らな下着に、胸は高鳴るばかりでした。

「順平くん、ブラはずしてくれる？」

美しい人妻は背を向け、肩越しに悩ましげな声でつぶやきました。

切れ長の目、小さくて形のいい鼻、ふっくらした濡れた唇と、ととのった顔立ちにS字を描くボディラインはまるで女神を見ているようでした。

「は、はいっ！」

私は腰を上げてブラをはずしたのですが、手がブルブル震えていたのはいまでもはっきり覚えています。

「今度は、ショーツよ」

「は、は、はい」

中腰の体勢からビキニショーツをゆっくりおろしていくと、柑橘系の甘い香りが鼻先にただよい、キンキンのペニスが下腹にべったり張りつきました。

女の人の肌って、ほんとうに柔らかくてすべすべしているんですよね。

ショーツを足首から抜いたところで彼女は振り返り、私を立たせました。

そして唇を重ね合わせ、ディープキスでこちらの性感をあおったあと、両手でペニスをしごきまくりました。

「むっ、ふっ、むううっ」

あわてて腰を引いたものの、自制心が働かず、危うく二度目の放出を迎えそうになりました。

「ひょっとして、経験ないの？」

長いキスが途切れたあと、優しげな口調で問われ、私は小さくうなずきました。

「ふふっ、かわいい……あそこ、見たい？」

「見たい、見たいです」

「いいわ、餞別《せんべつ》代わりに、今日は順平くんの望むこと、なんでもしてあげる」

「ホ、ホントですか？」

「嘘なんて言わないわよ」

「だったら……まずは、おっぱいをさわらせてください」

「ふふっ、男の人って、みんな胸が好きなのね」

可菜子さんは笑顔で言い放ち、お椀形の胸をふるんと突き出し、私は身を屈めて手のひらを這わせました。

「あ、ああ……や、柔らかい」

「そう、優しくもんでみて」

ふにふにした乳房はさほどの力を込めずとも楕円に形を変え、手のひらからはみ出ました。

桜色の乳頭はすでにしこり勃ち、私は無我夢中で乳房をもみしだき、先端のとがりを指先でつまんではこねくり回しました。

「あ、あぁぁン、いい、気持ちいいわぁ」

細眉をくしゃりとたわめ、鼻にかかった声で喘ぐ可菜子さんのなんと悩ましかったことか。

おっぱいを責め立てながらも、私の目は美女の下腹部に注がれていました。

こんもりした肉土手には細い陰毛がきれいに刈り揃えられ、いかにも過敏そうな生白い肌が透けて見えていたんです。

肝心の箇所は真上から覗けず、想像力が刺激され、ペニスがひと際そり勃ちました。

「ああ、見たい！　おマ○コ、見たい」

「ふふっ、もう我慢できなくなっちゃったの？」

「我慢できないよぉ」

「おチ○チン、コチコチだものね。いいわ、こっちにいらっしゃい」

枕側に移動した可菜子さんは、体育座りの姿勢で腰をおろし、後ろ手をついて足を広げていきました。

私はすぐさま四つん這いになり、ギラギラした目を彼女のプライベートゾーンに向けたんです。

「あ、あぁ」

部屋の照明が弱かったので、はっきり見えなかったのですが、厚みのある花びらがぱっくり開き、狭間から紅色の粘膜がのぞいていました。

ふっくらした大陰唇もさることながら、愛液が淫らな輝きを放ち、気がつくと目と鼻の先まで顔を近づけていました。

甘ずっぱい香りの中に乳酪臭がほんのりただよい、匂いをかぐたびに脳みそが爆発するような昂奮が襲いかかりました。

「こ、これが……おマ○コ！」

「いやぁねえ、そんなに近づけたら息がかかっちゃうじゃない」

「さ、さわってもいい？」

「だめよ、恥ずかしいわ」

可菜子さんは拒絶したにもかかわらず、さらに大股を広げ、恥骨をグッと迫り出しました。

私は条件反射のごとく陰部に手を伸ばし、スリットに沿って指を上下させたんです。

「あ、あぁン……だめだったら、く、ふぅン」

人妻は眉尻を下げ、くぐもった声を発しましたが、かまわずに指をスライドさせると、愛液がぬちゃっと卑猥な音を立てました。

「はぁあ、いやぁ、いい、気持ちいいわぁ」

クリトリスの包皮がみるみる剝き上がったところで、私は肉のとがりを集中的に責め立てました。

やはりクリトリスはとても感じるらしく、彼女は腰を盛《さか》んにくねらせ、シーツに愛液のシミが広がっていきました。

生唾を飲み込むという表現は、まさにそんなときに使う言葉なのではないかと思います。初めて目《ま》の当たりにした女性の陰部と兄嫁のいやらしい姿を、私はまたたきもせずに観察し、性衝動の赴《おもむ》くまま指先を動かしました。

そして我慢の限界を迎えたとたん、ヒルのようにあそこに吸いついたんです。

「あ、だめ、やっ……あ、はぁぁあぁン」

プルーンの味覚が舌の上に広がると同時に、潮の香りが鼻の奥を突き刺しました。

私は舌を上下左右に跳ね躍らせ、クリトリスと内粘膜を舐め回し、愛液をじゅるじゅるすすり上げました。

「はあ、いい、いいわ。そう、もっと舌を動かして……ン、はぁあっ」

切なげなよがり声を頭上で聞きながらクンニリングスを続けていると、ペニスが熱い脈を打ちはじめました。

油断をすれば射精へのスイッチが入ってしまいそうで、絶えず肛門括約筋を引き締めていたのではないかと思います。

一刻も早く童貞を捨てたかったのですが、口だけで絶頂に導きたいという思いが勝り、必死に我慢してクリトリスをしゃぶり回しました。

「あぁン、順平くん、じょうず、とってもじょうずよ……イキそう、イキそうだわ……あ、やっ、イクッ、イックぅ！」

可菜子さんは掠れた声で告げたあと、恥骨をビクッとふるわせ、腰を大きく前後させました。そしてあおむけに倒れ込み、胸を大きく波打たせたんです。

あのときはエクスタシーに達したかどうかわからず、上目づかいに様子をうかがうことしかできませんでした。

「ね、義姉さん？」

「はあ、はあっ、順平くん……すごい……口だけでイカされちゃったわ」

「ホ、ホントに？」

「最初から、こんなにうまくできる人なんていないわよ」

いまにして思えば、社交辞令だったのかもしれません。それでもあのときは男としての自信に満ち溢れ、喜びを口に出して叫びたい心境でした。

「この先、何人の女の子を泣かせるのかしら？」

彼女は身を起こしざま、口元にキスをし、勃起状態のペニスを優しく握りました。そして体位を入れ替え、再びフェラチオで快感を与えてきたんです。

「今度は、順平くんを気持ちよくさせてあげる」

すでに、放出してから十分はたっていたでしょうか。

性欲は完全に回復し、ペニスがなえる気配はまったくありませんでした。

じゅっぽじゅっぽと、バキュームフェラが繰り返されるなか、またもや射精願望が頂点に達し、早くひとつに結ばれたいという願望が頭の中を占めました。

「ね、義姉さん……い、入れたいよ」

「ふぅン、もう少し我慢して」

可菜子さんはひと言告げると、体をくるりと回転させ、シックスナインの体勢から全開状態の局部を鼻と口に押しつけてきたんです。

まさか、初体験から互いの性器を舐め合うことになろうとは……。

心の中でガッツポーズを作る間も、性欲の火山活動は少しも怯《ひる》みません。

快楽から気を逸《そ》らそうと、私は陰部にしゃぶりついて顔を左右に振りました。

「ンっ！　ンっ、ンふぅぅっ」

美女は狂おしげな声を放ちましたが、負けじとペニスをがっぽがっぽと咥え込み、私たちは獣のように絡み合いました。

下腹部に力を込めて踏ん張ったものの、煮え滾る精液が出口を求めて暴れ回り、とうとう限界を迎えてしまいました。

「ぷふぁっ、ああ、も、もう……」

息を荒らげて訴えると、可菜子さんはペニスを口から抜き取り、身を起こしてヒップを私の下腹部にずらしました。

「もう我慢できないわ！」

どうやら彼女も同じ気持ちだったらしく、ペニスを垂直に立て、大股を開いて亀頭を割れ目にあてがいました。

「ぬ、おっ！」

ヒップがゆっくり沈み込み、熱い粘膜が先端を包み込んでいくときの感触はいまだに忘れられません。

しっぽり濡れていて、なおかつぬくぬくしていて、まるでチ○ポがとろけてしまうかと思いました。

「あ、あ、いい、いいわぁ、順平くんのおチ○チン、気持ちいい……あンっ！」

「ぬぐっ！」

入り口で引っかかっていたカリ首が通り抜けるや、ペニスは根元まで埋め込まれ、膣壁の振動が粘膜を通してはっきり伝わりました。

セックスとはこんなに気持ちいいものなのか、女性の肉体はこれほどすばらしいものなのか。

熱い感動に打ち震えるなか、可菜子さんはまるまるとしたヒップを左右に揺らし、やがて上下にバウンドさせました。

「う、ぐっ」

「ン、はぁあっ」

鉄のように硬くなったペニスが膣の中を出入りし、半透明と化した愛液が胴体に絡みつきました。

バキュームフェラやシックスナインも衝撃的でしたが、初体験が背面騎乗位とは夢にも思っておらず、バチンバチーンとヒップが下腹を叩くたびに快感度数が上昇し、私は布団の上でただ悶絶《もんぜつ》するばかりでした。

下腹部をおおい尽くす圧迫感も心地よく、射精願望を抑えられないまま、あっという間に放出の瞬間を迎えてしまったんです。

「ああ、またイクっ、イッちゃうよ！」

「あ、ちょっと待って！」

可菜子さんがあわててペニスを膣から抜き取った瞬間、尿道口から精液が高々と跳ね上がり、私はあっけなく二度目の射精を迎えてしまいました。

「あぁン、入れたばかりなのに……」

「ご、ごめんなさい」

「まあいいわ、まだ若いんだから、すぐにできるでしょ？」

「え、ええっ？」

人妻の性欲とは、これほど凄まじいものなのか。それも新鮮な驚きでしたが、彼女の言うとおり、ペニスはまだ硬直状態を維持したまま。フェラチオをされたあと、今度は正常位の体位から挿入し、可菜子さんも派手な喘ぎ声をあげていました。

朝、起きたときはさすがに罪の意識を感じたものの、兄夫婦との接点がなくなる地方への配属は不幸中の幸いでした。

ところが、それから一年後に彼らは離婚してしまい、兄から報告を受けた私はひたすら呆然《ぼうぜん》とするばかりでした。

もしかすると、一年前にはもう夫婦仲はうまくいっていなかったのかもしれません。

可菜子さんは、いまごろどうしているのか。

彼女との最高に気持ちいいセックスが忘れられず、ほかの女性と交際しても満足感を得られないため、いまだに独身のままなんです。

主人の連れ子たちの獲物になった豊熟女
変態的な性交で初めての連続アクメ！

［佐藤宗子　主婦・五十一歳］

若い人から見たら五十路《いそじ》のおばちゃんなんて、もう女には見えないだろうと思っていました。それで油断していたわけでもないのですが、たとえばいやらしい冗談を言われたり体にさわられたりしても、「いやだぁ」なんて言って喜んでいるような態度をとってしまって……ですから、自分も悪いんです。

とにかく主人に申し訳の立たないことで、かといって終わってしまったことはもうどうしようもないのですけれど、気持ちの整理をつけるためにも、この身に起きた一連の出来事を書いておきたいと思います。

事の起こりはどこにあったのか、さかのぼればいまの主人との再婚がそれだったとしか言いようがありません。

私も主人も二度目の結婚で、主人には連れ子として二人の兄弟がいました。連れ子といっても一人は三十一歳、一人は二十八歳と、もう立派な大人なのですが、この兄弟が、まさかというような不らちな人たちだったんです。

初対面のときはまったくわかりませんでしたし、一人ひとり別々に会っているときは爽やかな好青年に見えました。いえ、そのときはお酒を飲んでいなかったからかもしれません。ただ、お酒を飲んでいても主人の前ではちゃんとしているのですから、やっぱり人柄がよくなかったんだと思います。

それとも彼らが散々言っていたように、私の側が「スキモノ」で、「飢えて」いて、「誘ってる」「マゾ女」だったんでしょうか。けっしてそんなつもりはありませんでしたけれど、いまとなっては自信を持てない私がいます。

私は彼ら……兄の琢磨《たくま》と弟の恭二《きょうじ》にこの体をもてあそばれ、それで女の悦びを知ってしまったのですから。

最初は襲われたかたちでした。

東京でそれぞれ一人暮らしをしている二人が、お正月に私たちの住む家へ遊びにきて、昼間からみんなでお酒を飲んだんです。

夜になり、還暦を過ぎてめっきり弱くなった主人が先に寝てしまうと、話題がだんだんとシモの流れになりました。

彼ら兄弟の武勇伝みたいなことから始まって、それがもう、女としては聞くに堪えないものだったのですけれど、私もカマトトぶる年齢ではありません。早く打ち解けたいという気持ちもあったものですから、ついこちらまであけすけになってしまいました。

どういうことかといいますと、弟の恭二が、職場に来ている派遣社員の女性を半ば無理やりものにしたという話をしているとき、本心では女性をかわいそうだと思っていたのに、「男はそれくらい強引でなくっちゃ」「女にだって性欲はあるんだし」なんて話のわかるフリをして……夫婦生活のことを聞かれれば「あの人はもう年だもの、若い人がうらやましいわ」なんて欲求不満みたいなことを言ってしまいました。

実際、主人との夜の営みはまったくありませんでしたが、それは結婚前からのことですし、セックスはなくていいと納得したうえでの再婚だったんです。それなのに、話の流れで自慰をしているのかと聞かれると、「そりゃ、たまにね」なんてサバけた女を気取ってしまったりして……。

このときは私もしたたかに酔っていて、下世話な話をしながら胸のあたりや太腿をチラチラ見られているのを意識するたび、調子にのってまんざらでもないような気分になっていました。それはもちろん、血がつながっていないとはいえ親子なのですから、おかしなことになるなんて思いもしなかったからです。

ですから、いつの間にか兄弟二人に挟まれた格好で座りながら「宗子《むねこ》さん、乳デカいっスね」と恭二に胸を指でつつかれたり、琢磨に太腿をなで回されたりしていても、あくまで冗談として流すつもりで、とにかく楽しく過ごそうとしていたんです。

空気が一気に変わったのは、恭二がトイレに立って琢磨と二人きりになった折、彼の手がスカート奥まですべり込んできたときでした。

「ちょっと……コラ。飲みすぎたんじゃない？　あっ……」

恥ずかしい話ですけれど、この段になって自分が濡れていたことに気がついて、ほんとうに動転してしまいました。主人が二階で寝ていましたから大きな声を出せず、この期《ご》に及んでも冗談ですませようとしてニヤニヤ笑ってしまったのもよくありませんでした。

「自分から誘っといてダメじゃないだろ。いいぜ、俺ら二人で悦ばせてやるよ」

とんでもないことを言われてギョッとしたのと同時に、唇を奪われました。

こんなおばさんに、しかも義理の母親にどうしてと思いつつ、声も出せないままパニックになり、舌を強く吸われて全身の力が抜けてしまいました。

そこに恭二が戻ってきたんです。

「お、いいことしてんじゃん」

そう言うと、恭二は私の背中に密着するなり後ろから乳房をもみしだいてきました。

これはもう冗談ですまされる範疇《はんちゅう》じゃない……わかっているのに、琢磨にショーツの中へ手を入れられ、恭二にトレーナーをまくられ乳房をつかみ出されて、たいへんなことになったとおびえつつ怖いほど感じてしまっている自分がいました。

気がつけば床へあおむけに寝かされ、露にされた乳首やアソコを舐め回され、合計四十本の指であちこちをまさぐられていました。

「スキモノの顔してるもんな、宗子さん」

「こんなスケベな体つきしててセックスレスはかわいそうだろ」

「もう腰が動いちゃってるよ」

「ほうら、大好きなオチ○チンだよ。しゃぶって、しゃぶって」

口々に勝手なことを言う兄弟が、ほとんど一気呵成《かせい》という感じで、されるがままになっている私の口と性器をかわるがわるに犯しました。

その間、私は頭の中を真っ白にしながら、実は何度もオルガスムスに達してしまっていたんです。

セックス自体がほんとうに久しぶりのことでしたし、なによりこんなふうに二人がかりでされるなんて生まれて初めての経験でした。

相手が義理の息子たちだと思えばおぞましい限りなのですけれど、そんなことを考えている余裕はまったくありませんでした。

二人の若い男の逞しさやケモノのような荒々しさに全身を滅茶苦茶にされるということ……別に言いわけをするつもりではなく、それはあらがいようのないエクスタシーだったんです。

ただ、もしもこのときに悦びを感じたりしていなければ二度目の出来事もなかったはずだと考えれば、やはり大きな過ちでした。

彼らが東京に帰った六日後のことです。「この前のことを話し合っておいたほうがいいと思うから」と私は琢磨に呼び出されました。

場所は彼が泊っているという県内のホテルで、予感めいたものがあって迷いましたが、主人に「友だちと会う」と嘘をついて行ってみると、部屋には恭二も待っていました。

二人の目的はすぐにわかりました。

もしかしたらと思っていながらあっさりだまされてしまった私はやっぱり悪いのです。いえ、ほんとうのことを言えば、心のどこかで期待していたところがあったのかもしれません。

先にも書きましたとおり、主人との営みがないことに不満はまったくないつもりでしたが、この前のことで体が目覚めていたのは事実でした。五十一歳という年齢は女の場合、けっして枯れてはいないのだと実感しないではいられませんでした。

あの日以来、私は二人がかりで犯されている自分自身を思い返しながら、ほとんど毎日自慰をしていたのですから……。

「ほらな、やっぱり来ただろ?」

琢磨が得意げな顔を恭二に向けると、恭二が「ああ……やっぱドスケベ女だったんだな。もっと古風かと思ってた」とニヤニヤしながら近づいてきました。

「話し合いをするからって……そうなんでしょう?」

私は二人の顔を交互に見ながら、無意識にあとずさりをしました。

すると恭二が後ろへ回り込んできて「体と話し合いってことだよ。わかってただろ?」と私の背中を突いて部屋の真ん中に押しやりました。

「そんな……だって……私たちは親子なのよ。この前のことは、もういいから……」

「親子なのに誘ってきたのはそっちじゃん。この前は俺らがあんたをヤッたんじゃなくて、あんたが俺らをヤッたんだぜ」

仁王立ちしている琢磨に言われ、私は愕然としながら壁際に逃げて背中を壁に預けました。それを恭二が追ってきて、「今日だってわざわざヤリやすそうな格好してきてんじゃゃん」と横から舐め回すように見てきました。

この日の服は赤いタイトなセーターに千鳥柄のウールのスカートで、スカートのサイドが縦に並んだボタンで開けられるようになっていました。会合の場所がきちんとしたホテルだったので、コートの中は少し華やかにしてきていたのです。

「そんなつもりじゃないわ。私は……ただ……」

「言いわけはいいよ。体に聞けばわかることなんだからさ」

悠然《ゆうぜん》と近づいてきた琢磨にセーターの上から乳房をわしづかみにされ、乳首のあたりを爪でひっかくように刺激されました。

そのとたん、自分の目がトロンと溶けてしまったのがわかりました。

「別に気持ちいいことするだけなんだからいいだろ？　あんたが男に飢えてるのは丸わかりなんだよ」

否定したいのに何も言えず、ただ足をふるわせていることしかできませんでした。

恭二はスカートのボタンをはずそうとしていて、琢磨は私の目をじっと見ながらしつこく乳首を刺激してきていました。

泣きそうになりながら必死に気持ちを奮い立たせ、「やめて」と言いかけた瞬間、琢磨に頬をつかまれて唇を奪われました。

「赤いパンティはいてる。しかもレースで、マ〇コ透けすけ」

恭二の指がショーツの上からそこをいやらしくいじりはじめて、琢磨に舌を吸われる私は「ううっ」とうめくなり腰を落としそうになりました。

突然、鳥肌が立つような快感に襲われたんです。

いったい、いつからこんな女になってしまったのかと呆然とする思いでした。もともと奥手な性格の私は、前の主人以外にはほぼ性体験がなく、実を言うとエクスタシーに達したのも前回この兄弟に犯されたときが初めてだったんです。

「ドロドロに濡れちゃってるよ。へへへ、やっぱ熟女は感じやすいねぇ」

恭二の言うように、単にそういう年齢になったということなのでしょうか。だとすると世の中の五十代の女はみんな私のようなのでしょうか。わからないままに、私はズルズルとお尻を床に落としていました。

「淫乱なうえにマゾってやつだ。ほら、これが欲しかったんだろ?」

笑いを含んだ琢磨の言葉に顔を上げると、目の前に兄弟二人のそり返ったペニスが二本、突き出されていました。

「両手で持ってさ、交互にしゃぶれよ、お義母《かあ》さん」

屈辱と恥ずかしさを覚えながらも、私は言われたとおりにしていました。二本のペニスを交互に咥えて舌を使い、命じられるまま、片方のペニスを咥えているときは手でもう一方のペニスをしごきました。

「息子たちの性奴隷になった気分はどうよ？　ほら、金玉もだよ」

前の結婚生活も含めて睾丸を舐めた経験なんて一度もありませんでした。でも恭二にやり方を指示され、陰嚢を口の中に含んで口内で飴を転がすように舐めました。

「へへっ、結構うまいじゃん。そのままケツ穴いってみようか」

恭二がそう言いながら顔を跨いできたので、私はボーッとなった頭のまま、毛が密集した彼のお尻の穴に舌を伸ばしました。

苦い味がしてウッと嗚咽《おえつ》が込み上げましたが、全身が甘くしびれ切ったようになっていて、琢磨に足指でアソコを引っかかれると、おもらしと思い違いをするほど濡れてしまいました。

「次は俺にも奉仕してよ、お義母さん」

恭二が退いたタイミングで琢磨がベッドに浅く腰かけ、靴下を脱いだ爪先を顔の前に突き出してきました。

それ以上言われなくても何を命じられているのかはわかりました。私は四つん這いで二、三歩這い寄り、まず右足の親指から口に含んでていねいに舐めました。

「指の股の汚れもきれいに掃除してくれよな」

五本の指とその股をすべて舐め終えたところで左の爪先を突き出されました。

自分が自分じゃなくなったような気分のまま無心になって舐めていると、恭二が後ろからショーツを脱がせてきて、アソコに指を挿入し、クチュクチュと音を立てながら中をかき回しだしました。

不意の快感に「ああっ！」と高い声が洩れて、舌を使っている余裕がなくなりました。でも舐めるのがおろそかになると、琢磨が蹴るようにして指をノドの奥に突っ込んできました。

「げえっ」

吐きそうになってとうとう涙がこぼれましたが、琢磨は「塩味がついて美味《うま》いだろ」と容赦がありませんでした。足指に続いてもう一度ペニスをしゃぶるように言われて、私がそうしたとき、背後から恭二が私を犯し貫いてきました。

「むう……うわうっ！」

前から後ろから兄弟のペニスで串刺しにされ、私は涙をこぼしながら背中を波打たせました。目の前がチカチカしていて、自分が立て続けに絶頂しているとわかるまでに少し時間がかかりました。

「ほら、ほら、気持ちよくてたまんねぇんだろ？」

恭二が腰を動かしながらお尻の肉を引っ叩いてきました。その痛みすら気持ちいいんです。

自分はほんとうにマゾなのかもしれない……そう思わないではいられませんでした。

「いいか、このまま口の中でイクからな。全部飲めよ」

フェラチオをさせている琢磨がそう言い、私の頭を両手で押さえてきました。

「ううっ……ぐむっ……げえうっ……」

後ろから恭二に犯される快感でまともに息もできない私は、口の端からよだれを垂らしながら必死に奉仕を続けていました。

「出すぞ、飲めよ」

次の瞬間、口いっぱいに青臭い精液が溢れて、私は夢中でノドを鳴らしていました。

「俺もイキそうだ……お義母さん、俺も口に出すからこっち向いて！」

背後から鋭い声で言われて振り向くと、アソコからペニスを引き抜いた恭二が大股で一歩踏み出し、私の口に濡れたものを捻《ね》じ込んできました。

口に入れる前から精液が迸りはじめていて、一部が私の顔にかかり、残りが口内に注ぎ込まれました。

「へへっ、二人分の精子飲んでやんの」

これで終わりではありませんでした。

頭を真っ白にしたままうずくまっていると、琢磨が「まだまだこれからだぜ」と私の脇に手を入れ、ベッドの上に引き上げました。そしてセーターを脱がせ、ブラジャーも取り去ると、私をあおむけに寝かせて「なあ、もう生理上がってるよな？」と聞いてきました。

「え、マジ？」

恭二も横から興味深そうにのぞき込んできました。

聞かれていることの意味がわかってどう答えようかと迷いましたが、結局は正直にうなずくしかありませんでした。

「やっぱな。中出しし放題の肉便器だぜ」

ひどいことを言われているのに、怒りのような感情はまったくわいてきませんでした。傷ついてすらいないんです。

むしろ、もっと、もっとと欲しがってしまっている自分が確かにいました。いまの主人とのセックスが望めない以上、こうしてもてあそばれる以外に、私にはエクスタシーを得るすべがないんです。

琢磨に足を開かされ、正常位の体勢で入ってこられようとしたときには、ついさっき射精したばかりなのにもう硬くなっている彼の若さに感動すら覚えていました。

そのまま深く貫かれると、私はもう恥も外聞もなく喘ぎ悶えるばかりになりました。

「あぁっ、あぁ、イイッ……お、奥まで……奥まで来てるっ！」

ズルンッ、ズルンッと大きな動きで抜き差しされて、揺れる乳房を舐め吸われ、私は全身を炎にして叫んでいました。

横から恭二が「お、その悶えてる顔、女優の○○に似てるなぁ」と言い、携帯電話で写真か動画を撮りはじめました。

撮られたくはなかったのですが、抗《あらが》う余裕もなく、撮られながら「イクッ……またイクッ！」とあられもなく叫び、そのままオルガスムスに達しました。

体位を替えられ、横向きでも激しく突かれ、そのときは顔のすぐ前にレンズを向けられて「性奴隷のお義母さん、義理の息子たちに犯されてどうですかぁ？」とインタビュージみたことをされました。

そのとき、琢磨が「あぁ、出そうだぜ」とつぶやき、私を再びあおむけにさせて、より速いリズムで腰を動かしてきました。

「あぁっ……だめ、すごいっ……イッちゃう……あぁっ、気持ちいいっ！」

私が叫び、琢磨が「中に出すぞ！」とひときわ奥まで先端を差し入れてきた瞬間、彼のペニスがはぜるように脈を打ちました。

このときの快感はいまでも忘れられません。前の主人とは子どもを作りませんでしたから、こうして膣内に射精されるのも生まれて初めてのことだったんです。

熱い精液が膣内に広がり、粘膜のすべての細胞がそれを吸収しようとしているみたいでした。子宮はわななき、ドクンドクンと鼓動していました。

体が悦ぶとはこういうことなんだとはっきりわかって、私は受胎したような錯覚さえ覚えました。もちろんそんなことはあり得ませんが。

「次は俺の番だぜ」

恭二の声がしてベッドが揺れ、「マジで精子まみれだな。シャワー行くぞ」と腕をつかんで無理やりに引き起こされました。

顔にかかっているのは恭二の精液で、アソコから溢れているのは琢磨のそれでした。

ふらつく足で浴室まで連れていかれ、恭二が出したシャワーを頭から浴びながら棒立ちになっていると、恭二が「ホントは奴隷の役目なんだからな」と言いながらボディソープで私を洗ってくれました。

優しさでしてくれているのではなく、「精子まみれ」の体が気持ち悪かったからだとはわかっていましたが、手のひらでソープを塗られ、全身をなでるように洗ってもらっていると、体じゅうの性感がまた粒立ってくるのを感じました。

全身が泡まみれになったところで、私は自分から恭二に抱きつき、肌と肌をこすり合わせて彼の体をきれいにしました。詳しくは知りませんけどソープランドではこういうことをするのでしょう。

恭二のペニスが硬くそり返ってきたので、私はタイルに膝をついてていねいにフェラチオをしました。言われなくても睾丸を口に含み、お尻の穴まで舐めました。

「へへへ、いいね……性奴隷らしくなったじゃん。立てよ」

命じられて立ち上がると、向かい合わせで抱き合う格好で真下から貫かれました。ソープでヌルヌルの胸と胸を合わせ、上下に揺すられながらキスをしていると、二人の体が一つに溶けていくように感じられました。

血のつながりがないとはいえ、いい年をした母と息子なのに……。

途中で後ろを向くように言われ、壁に手をついて、立ったまま後ろから挿入されました。

気がつくと私の甲高い喘ぎ声が浴室に反響していました。きっと廊下にまで聞こえていたんじゃないかと思います。

「いいオマ○コだよ、お義母さん。これからもいっぱい犯してやるからな！」

耳元で言われ、私は「あぁっ……犯して！　もっと、もっと激しく犯して！」と叫びながら深く激しいオルガスムスに達しました。

このときは理性というものが何もかもなくなって、ただただ快楽の奴隷となっていたような気がします。よく思い出そうにも記憶があいまいになっているくらいに……。

許されることじゃないのはわかっていますが、女として生まれ、一生に一度でもこんな体験ができたことは、私としてはやっぱりうれしく思うのです。

ほどなくして恭二が膣内で射精すると、私はしばらく浴室で一人きりになったあと、髪の毛をドライヤーでていねいに乾かして、きちんと化粧をし直してから服を着て帰宅しました。

こんな関係を続けていけるはずはない、いつかは私が拒絶しなきゃいけないとはずっと思っていました。でも、それはまだ先のことだと考えていました。

きっと、私は少しでも多く長く快感を得たいと、あさましくなっていたんだと思います。ですから、この数日後に主人から「訳あって奴らは勘当した。もう息子でもなんでもないからそのつもりでいてくれ」と唐突に言われたとき、怖くて訳を聞くことができませんでした。主人も言う気がないようでした。

ただ、主人に私と別れる気がないということだけはわかって、そのことは涙が出るほどありがたく思いました。

あれから兄弟からの連絡はありません。私も会うつもりは毛頭ありませんが、短い期間だっただけに、あのときのことがなんだか夢のように思えて、不思議と罪悪感はほとんどないんです。

女盛りの肉体を持て余す義娘を思いやり息子のかわりに牝芯を味わい尽くし……

［横山純一　無職・五十七歳］

息子の一樹《かずき》が三十二歳、その妻・雅子《まさこ》が四十六歳、そして私が五十七歳。息子よりも私のほうが嫁と年が近いというのが、まちがいのもとだったのだと思います。

幼いころに母親に家を出ていかれた一樹には、年上の女性に対する憧憬《どうけい》があったようです。一樹が初めて雅子を連れてきたとき、私はまずなによりもすまない気持ちになりました。そんなにも母親の愛を求めていたのかと。一樹の母は私のほかに男を作って出ていったのですが、その原因は私が家庭を顧《かえり》みない仕事人間であったからなのです。

一昨年に体を壊して早期退職してからは、同居する一樹に負担をかけないように私が家事をしていたのですが、こんな家に嫁《とつ》いできてくれた雅子にも感謝の念が堪えません。

体を壊したといっても通院さえしていれば日常生活に支障のない私は、ただの暇人と化してしまいましたが、雅子は私を「お義父さんは家主なんですから」と何かにつけて立ててくれて、まるで私の妻でもあるかのように世話をしてくれるのです。

そんな日々のなか、私の内にもあった淋しさが、とんでもない過ちを犯させました。私は雅子に手をつけてしまったのです。

いっしょに暮らしはじめて一年ほどがたち、緊張の解けた雅子は、私の前でもごろ寝をしたり、薄着で家事をするようになっていました。気のいい雅子は、その女盛《ざか》りの肉体がかもす芳醇《ほうじゅん》な色気に気づいていなかったようです。

日中は二人きりになる環境で、ムチムチとした太腿やパンティラインの透けた大きな尻、屈むたびにこぼれ出そうになる生白い乳房を見るにつけ、私は誘われているような気分になってしまうのです。

もちろん、雅子は一樹を裏切るような女ではありません。でも、私の中には小狡《ずる》い計算がありました。純朴な一樹は恋愛の経験にとぼしく、女盛りの雅子を満足させることはとうていできないに違いないと読んでいたのです。

私は妻と別れてから大いに荒れて、手あたり次第に女に手を出していたころがあったため、人並み以上の手練手管《てれんてくだ》を持っています。それを雅子に対して発揮したら……と。

ある日私は台所で家事をする雅子に背後から近づき、露な二の腕をなでながら耳元でささやきました。

「すまない、雅子……おまえにはほんとうに感謝しているし、ずっとこの家にいてほしいと思ってる」

「お義父さん、急にどうしたんですか？」

とまどう雅子を私は抱きすくめました。

「俺も役に立ちたいんだよ。おまえのためにできることをさせておくれ。一樹の代わりに満足させてあげるよ」

「いやです。やめてください」

驚いて抵抗を始めた雅子でしたが、私が乳房をもみしだき、着衣越しに乳頭の突起を指で刺激すると「あっ」とかわいらしい声をあげてしゃがみ込んでしまいました。

「一樹がおまえを満足させていないことはわかっているんだ。あいつは誰に似たのか、ほんとうにふがいない男で困ったもんだ。だから私にまかせなさい」

私はズボンと下着を脱ぎ捨てて、股間を剝き出しにしました。

「はあっ……お義父さん……」

雅子が息を呑みました。その視線は私の股間に釘づけです。そこは隆々とそそり立ち、肉幹には太い血管が浮き出ているんです。

もちろんクスリなんて使っていません。これから雅子にしようとしていることを考えるだけで、私のペニスはパンパンに勃起してしまうのです。

「どうだい？　一樹のものとどっちが大きい？」

私の問いかけに、雅子はハッとしたように目を逸らしました。

「ダメだよ。ちゃんと見るんだ」

下腹に力をこめてビクンビクンとペニスを動かしてやると、雅子は驚いたようにこちらを向き、生唾を飲み込みました。

「舐めたいんだろ？　しゃぶりたいんだろ？　私と雅子は親子なんだから遠慮しないでいいんだよ。さあ、しゃぶりなさい」

「いや……いやです、お義父さん。こんなことはやめてください」

そう言って力なく首を横に振りながらも、雅子の視線はずっとペニスに釘づけなんです。だから私は助け船を出してあげました。

「いいかげんにしなさい。聞き分けのない子にはお仕置きをしないといけないな」

私は腰を横にくいっと動かしました。すると勃起したペニスが雅子の頬をパチンと打ったのです。

「はあっ……」

息を呑む雅子の反対側の頬を、またパチンと打ってやりました。

「い……いや……お義父さん、あああ……」

必死に理性と戦っている雅子の頬に、私はペニスでビンタしつづけました。すると、雅子の顔が赤くほてっていくんです。

「さあ、口を開けなさい」

もう一度、はっきりと言ってやると、雅子は私の顔を見上げて、餌をもらうひな鳥のように口を開けました。そこに私はペニスを突き刺してやりました。

「うぐっ……ぐぐ……」

ノドの奥まで入ってしまったのか、雅子は苦しげにうめきましたが、それ以上の抵抗をしようとはしません。ペニスを咥えたまま、私を上目づかいに見上げつづけます。

「私に腰を振ってもらいたいのか？　それはあとのお楽しみだ。さあ、ペニスをしゃぶって私を気持ちよくするんだ」

もう雅子は私の言いなりです。

「うぐ……ぐぐ……うぐぐ……」

何度もうめきながら、ペニスをしゃぶりつづけます。

唇の間から唾液が滴《したた》り落ちて、シャツの胸元にシミがひろがっていきます。

「服が汚れてしまってるぞ。脱いだほうがいいんじゃないか」

「ううう……」

ペニスを咥えたままうなずくと、雅子はブラウスを脱ぎ捨て、ピンク色のブラジャーが露になりました。じっと見おろしていると、雅子はそのブラジャーもはずしてしまい、豊満な乳房がゆさりと揺れました。

いつも着衣の上から想像していた乳房。それはかなりの大きさで、白い肌とツンとがった褐色の乳首のコントラストがすごくいやらしいんです。

「あれ？ 乳首が勃ってるんじゃないか？」

「あっ……いや……」

雅子は体を引いてペニスを口から出し、乳房を両手で隠してしまいました。

「なんだ。私を必要としていないということか？ それならもうやめておこうかな」

私は脱ぎ捨ててあったブリーフを拾い上げようとしました。でもその動きは、かなりゆっくりです。雅子が決心するのを待っていたからです。狙いどおり、雅子が声をあげました。

「待ってください！」

「お義父さん、お願いです。やめないでください。もう一度、お義父さんのものをしゃぶらせてください」

一樹のせいで欲求不満になっていた主婦が、抑え込んでいた性欲に理性を駆逐《くちく》された瞬間でした。

「そうか。最初から素直になってくれればよかったんだ。ほら、しゃぶっていいよ」

私がペニスを突き出してやると、雅子は今度は躊躇することなく食らいついてきました。そして、乳房にぽたりぽたりとよだれを垂らしながらしゃぶりつづけるんです。

「ううう……気持ちいいよ。雅子はほんとうにペニスが好きなんだな。たまらないよ、そのしゃぶり方」

私は両手を腰に当てて、自分のペニスをおいしそうにしゃぶっている息子の嫁を見おろしました。ここ一年ほど、毎日いやらしい目で見続けていた相手なのです。しゃぶられる気持ちよさもさることながら、視覚から受ける興奮はかなりのものでした。

でも、それならもっと卑猥なことをさせたくなるんです。

「雅子、自分で乳首をつまんでみなさい」

「ううっ……」

「なんだい？」

雅子はペニスを咥えたまま、私を見上げました。

少し悩むような間がありましたが、また私が「やっぱりやめておこう」と言い出すかもしれないと不安になったのか、素直に両手で左右の乳首をつまんでみせるんです。

「いいね。そのまま指の腹でこねるみたいにグリグリしてみなさい」

「うぐぐ……んぐぐ……」

雅子は言われるまま乳首をこねはじめました。義理の父親のペニスをしゃぶることで興奮して敏感になっていたのか、雅子の体にさーっと鳥肌が立つのがわかりました。

「ほら、口がおろそかになってるぞ。ちゃんとしゃぶりながら乳首をいじるんだ」

「んんん……んんん……」

卑猥すぎる状況に、私は猛烈に興奮していきました。それに雅子のフェラはかなりじょうずなんです。こんなテクニックを持っている嫁を抱かないなんて……一樹が自分の息子とは思えません。

すぐに私の体の奥から射精の予感が込み上げてきました。昔なら口の中にたっぷり射精して、それを飲ませてやったと思いますが、さすがに五十七歳になったいま、そんなことをしたら、もう硬くならない不安がありました。

だから私は、射精の直前で雅子の口からペニスを引き抜いたんです。

「あああん、お義父さん、どうして？」

うるんだ瞳で雅子が問いかけます。

自分の性力に自信がないなどとは口が裂けても言えません。

「せっかくだから私の寝室へ行こう。そこでもっとかわいがってあげるよ」

私はそう言ってごまかし、雅子の腕をつかんで立ち上がらせると、寝室へ向かいました。そして突き飛ばすようにしてベッドに寝かせると、私は雅子に襲いかかり、スカートとパンティを引き剝がしました。

まったく手入れをしていない陰毛が、股間に黒々と茂っているんです。その無防備な様子に、若い女とは違う卑猥な魅力がありました。でも、私の興味は、その陰毛の森の奥です。

「さあ、雅子のいやらしい場所をいっぱい見せておくれ」

両足首をつかんで左右に開かせようとすると、雅子はハッと我に返ったように両手で股間を隠しました。

「ダメです、お義父さん。こんな明るい場所でなんて、恥ずかしすぎます。あああん、電気を……電気を消してください」

「なにを言ってるんだ？　息子の嫁の体の隅々まで把握しておくのが、父親の努めだよ。ほら、見せなさい」

じっと目を見つめながら言うと雅子の体から力が抜けていくのがわかったので、私は彼女の両足首を腋の下のほうへグイッと押しつけました。

「あああん……いやぁ……」

雅子は両手で顔を隠してしまいましたが、陰部は剝き出しです。それはまるで和式トイレで用を足そうとして、そのまま後ろに倒れてしまったかのような滑稽《こっけい》なポーズなんです。

あまりのいやらしさに、私のペニスがビクンとまた一回り大きくなり、その先端が前屈みになった私のヘソのあたりに食い込んでしまいそうなほどでした。

そんなになることは二十代のころでもそうそうありませんでした。それぐらい雅子との行為は、私を興奮させるんです。

熟れた女体。そして、息子の嫁という禁断の関係。それがたまりませんでした。

義父のペニスをしゃぶることで興奮していたのでしょう。雅子の陰部はもうどろどろにとろけていたので、肉びらがひとりでに左右に開いていき、その奥の媚肉が剝き出しになってしまいました。

陰毛は剛毛でしたが、その奥はまるで少女のもののようなきれいなピンク色です。

そして、膣口は愛液を溢れさせながら、もう物欲しそうにヒクヒクしているんです。

「おおお……雅子のオマ○コ、すごくおいしそうだ」

「はあああん……いや……そんなに見ないでください……あああん……」

手で顔を隠したまま、雅子が言うんです。

「ダメだ。いっぱい見てやる。だから、顔を隠すのをやめなさい。おまえのその色っぽい顔といっしょに見てあげるよ。ほら、手をどけるんだ」

「あああぁぁ……」

切なげな声を洩らしながら、雅子は手をどけました。

恥ずかしさでほてった顔、乳首が勃起した豊満な乳房、そしてパックリと開いた陰部、きゅっとすぼまった尻の穴まで、すべてが丸見えです。

「おおお……すごいよ、雅子……あああ、おまえは最高の嫁だ。さあ、どうしてほしいか言ってみなさい」

「え？　それは……」

恥ずかしい場所を剝き出しにしたまま、雅子は言葉につまりました。だけど、膣口がヒクヒクとうごめき、なにをしてほしいのかは丸わかりです。

それでも私は雅子に言わせたかったのです。両足首をつかんで膝が腋の下につくぐらい押しつけたまま、私は雅子の言葉を待ちました。

「私……あああぁ……お義父さん……な……舐めてほしい……舐めてほしいです」

もうひと押しです。

「どこを舐めてほしいんだ？」

「……お……オマ○コを……あああああん、オマ○コを舐めてほしいんです」

「よく言った。素直な嫁には褒美をやらないとな。さあ、自分で膝を抱えなさい」

もう雅子は躊躇することなく、自ら両膝を抱え込みました。しかも、これでもかと陰部を突き出してくるんです。舐めてもらいたくてたまらないという気持ちが現れています。だから私はもうじらすこともできずに、ベッドの上に腹這いになって雅子の割れ目に舌を這わせてしまうのでした。

「あっはあああん……」

頭上から悩ましい喘ぎ声が聞こえました。そのかわいらしい声をもっと聞きたくて、私はぺろりぺろりと割れ目の間を舐めてあげるのです。

雅子は相当欲求不満がたまっていたのか、愛液はすごく濃厚な味がするんです。舐めるだけでは物足りなくなり、私はまるでキスをするように膣口に唇をつけて、ズズズズ……といやらしい音をさせながら直接すすってやりました。

「あっ、ダメです、お義父さん……そ、それ、変な感じです。体の中を吸い出されてしまうみたいな……あああああん、恥ずかしいぃ……」

「おいしいよ、雅子。恥ずかしがらないで、もっといっぱいマン汁を出しておくれ」

私は膣口から直接愛液をすすりながら、右手の親指でクリトリスをさわってやりました。すると雅子はいままで以上にいやらしく乱れ、わき出る愛液の量も一気に増しました。

ズズズ……ズズズ……。

わざと下品な音を立てながら愛液をすすり、同時にクリトリスをこね回してやっていると、雅子の体に異変が起こっているのがわかりました。プルプルと小刻みに震え、呼吸が小刻みになっていくのです。もう絶頂のときが近いようです。それなら手助けをしてやりたいと思い、私は膣口から口を離して、ぬかるみの中に指をねじ込みました。

「あっはあああん……」

雅子の膣壁がきゅーっと収縮して、いきなりの侵入者をきつく締めつけてきました。

それは狭くて温かくてヌルヌルしていて、こんなところにペニスを突っ込んだらどれほど気持ちいいだろうと、思わず想像してしまうほどの名器でした。

もちろんこのあと挿入してやるつもりでしたが、その前に前戯で一度イカせてやろうと私は指を抜き差ししはじめました。それと同時に、クリトリスを舐めてやったんです。それはもう破裂しそうなほどパンパンにふくらんでいて、私の舌からヌルンヌルンと逃れます。そのたびに、雅子は体をのたうたせ、それに連動するようにまた膣道が指をきつく締めつけてくるのでした。

「あああん、お父様……あああ、私……私……もう……あああぁ……」

「我慢しないでイキなさい。ほら、これでどうだ？」

指を鈎《かぎ》状に曲げて入り口付近の膣壁をざらざらとこすりながら、クリトリスを吸って舌で転がすように舐めてやりました。

「ああっ……ダメです。それ……気持ちよすぎますぅ。はあああん……」

二つの性感帯を同時に責められて、雅子は狂ったように悶えまくります。それでも私はやめません。さらに激しく指で膣壁をこすり、舌を小刻みに動かしてクリトリスを舐めまくってやったのです。

「だ、ダメ……はあああっ……い、イキそうです。ああん、イク、イク、イク〜！」

雅子は全身の筋肉を硬直させ、胎児のように体を丸めてしまいました。

「イッたんだね？」

「はあぁ……お義父さん、イッちゃいました。すごく気持ちよかったです」

雅子はぐったりと体を横たわらせながら、ハアハアと苦しげな呼吸をしつづけます。ほてった顔、汗ばんだ乳房、愛液まみれのとろけた陰部。自分の愛撫で息子の嫁がこんなにもいやらしい姿になっていると思うと、私のペニスは痛いほどに勃起してしまうのでした。

「さあ、本番はこれからだ。雅子、入れるよ。いいね?」

「はい、入れてください。お義父さんのペニスで気持ちよくしてください」

雅子は股を大きく開きました。私は右手でペニスを握りしめて、雅子の股の間におい被さっていきました。自分でもあきれるほど大きくなっていましたが、すでにクンニと指マンでとろけてしまっていたオマ○コは、私をあっさりと受け入れました。

「あっはあああん……」

ペニスがぬるんと根元まですべり込むと、雅子は頭をのけぞらせて白いノドをさらしました。その直後、膣壁がペニスをねっとりと締めつけてきました。奥のほうがグニグニと動き、じっとしていても私は強烈な快感に襲われてしまうんです。

「すごいじゃないか。雅子、おまえのオマ○コは最高に気持ちいいぞ!」

「ああん、うれしいです。でも、もっともっと気持ちよくなってください!」

そう言うと、雅子は膣壁をきつく締めつけるんです。おとなしそうな顔をして、そんなテクニックを持っていたとは……驚きと同時に、私の腰はひとりでに前後に動きはじめてしまうのでした。

「あっはあああん……あああん……はあああん！」

クンニと指マンでイッたばかりの女体はかなり敏感になっていたようで、私が膣奥を突き上げるたびに、雅子は狂ったように喘ぎ声を張りあげました。

その反応が私に男としてのよろこびを与えるのです。五十代でもまだまだこんなにやれるんだ。そんな思いから、私は腰の動きを強めながら、雅子の乳房を舐め回し、乳首を吸ったり噛んだりしてやりました。

さっきフェラチオでイキそうになったうえに、雅子のいやらしすぎる姿を見せつけられて、私の興奮も限界まで高まっていました。

ほんとうならもっと時間をかけて気持ちよくしてあげたかったのですが、そんな余裕はありません。まるでセックスを覚え立ての若者のように力任せにペニスを抜き差ししつづけていた私は、すぐに射精の予感を抑えきれなくなりました。

「うう……ダメだ。雅子……もう……もうイキそうだ」

「あああぁん……いいですよ。お義父さん、我慢しないでいいです。だから……ああん……だから、いっぱい出してぇ！」

「いいのか？　ああ、もう……もう限界だ」

「だけど……だけど、またしてくださいね。あああん、お義父さんのセックス……すごく気持ちいいんですもの。あああん……私も……私もまたイキそうです」

「そうか。これが最後というわけじゃないんだな。わかったよ。これからも何度も何度も気持ちよくしてやるから……さあいっしょに……いっしょにイコう。ああ、出る！」

私は深くペニスを突き刺したまま、雅子の子宮目がけて勢いよく射精しました。そしてその熱い迸りを受け止めた瞬間、雅子も絶頂に上り詰めたのでした。

「あああっ……お義父さん！　あっはあああん！」

その後は、ほとんど毎日、私たちはセックスをするようになりました。すると雅子は日に日に女としての魅力が上がってきて、止まっていた生理もまた始まったということでした。

さすがに妊娠の心配が出てきたので、雅子には一樹を無理やり誘惑させて、夫婦の子作りの機会を設けさせています。そうすることによって、たとえ妊娠したとしても、息子の子ども——私にとっては孫として育てることができるのです。一樹に対する罪悪感はあるものの、それが私たち家族にとっていちばん幸せな状況だと思うのです。

第三章
血の繋がりを呪いながら獣欲に溺れる性

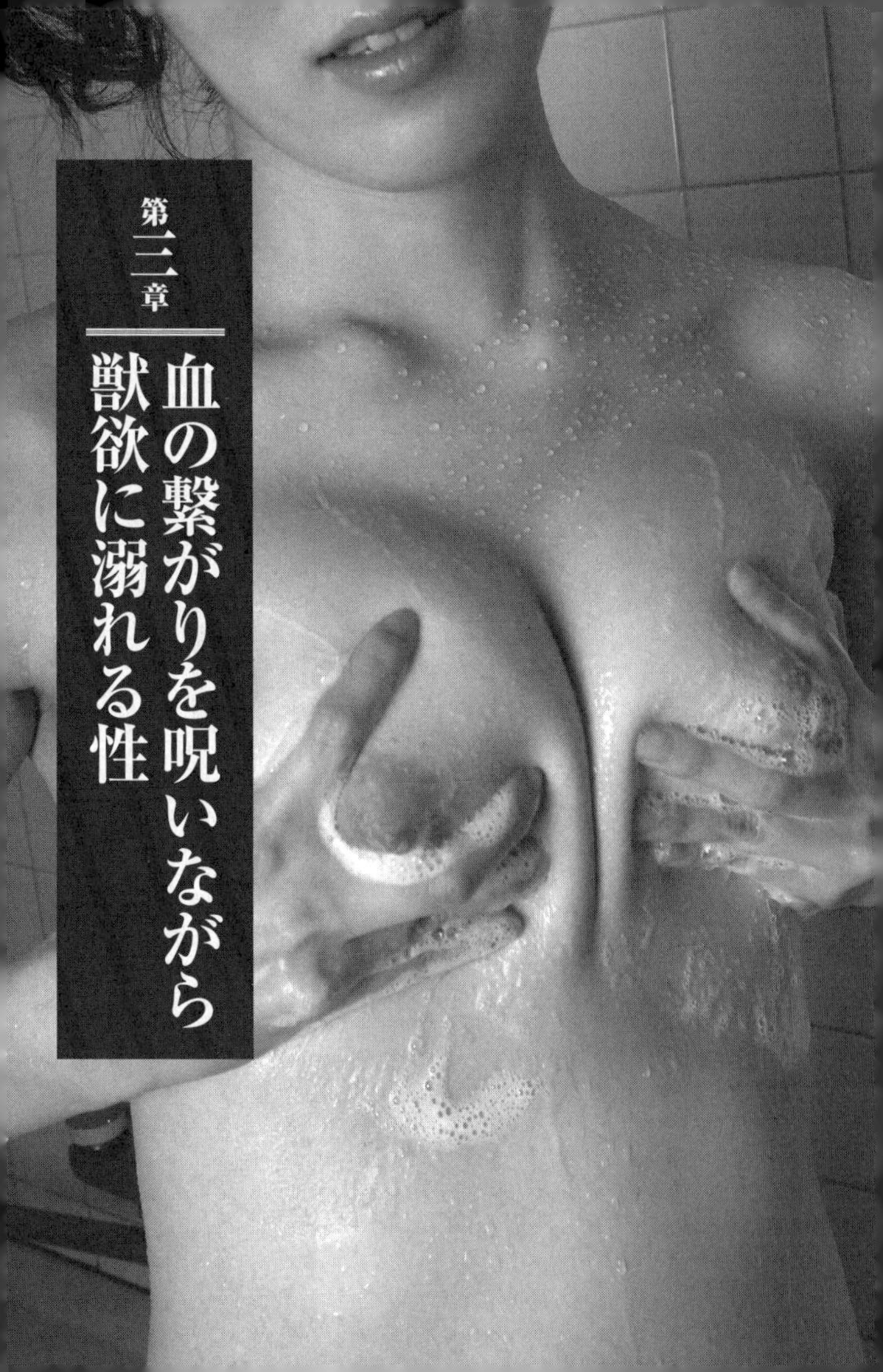

男性恐怖症の三十路姉から懇願された私
セックスの練習台となり極硬竿で貫いて

［岩垂雄一　会社員・三十歳］

私には、六つ年上の姉がいる。

姉は美人で男にモテるタイプで、学生時代から男に告白されるのはしょっちゅうだった。私も自分のクラスメイトから「あんな美人の姉さんと暮らせてうらやましい」と言われ、写真を隠し撮りしてきてほしいだの、下着を盗んできてくれだのと頼まれたことさえあった。もちろん、すべて断った。私は姉を大切に思っていたからだ。

姉は私の自慢であり、また身内でありながらひそかにあこがれも抱いていた。なにしろ弟の目から見ても美人なうえに、体つきも相当に色っぽいからだ。

服を着ているとそこまでわからないが、胸が相当大きかった。

たぶん、中学生のころにはDカップほどはあったと思う。隠れ巨乳だということまではさすがにクラスメイトも知らない。一つ屋根の下に暮らしている私だけが知りえた事実だ。

その事実に、ひそかな優越感を抱いたりもしていた。

姉はまじめな性格で、髪は校則どおり黒くて肩までしか伸ばしていなかった。

ストレートのさらさらとした髪質で、清純タイプだった。とにかく、男に好かれる要素が詰まったような女性だ。告白されたことも、相当あったらしい。

だが不思議なことに、姉は何度告白されても男とつきあおうとはしなかった。

それどころか男を避けているようでもあった。よほどの必要がない限り異性と口をきこうとはせず、例外は弟である私だけのようだった。

「姉ちゃんって、どうして彼氏つくらないの？」

不思議に思って、直接そう聞いてみたこともある。

だが姉は「いまは勉強が忙しいから」「なんとなく、つきあう気分になれないから」などと言葉を濁すばかりだった。


あれは、私が十六歳、姉が二十二歳になったときのことだ。

私は高校一年生で姉は大学四年生になっていた。姉は相変わらず浮いた話もなく、大学でも男と遊んでいるような様子はまったくなかった。

このころになると、私も性欲が最盛期。姉に対してもムラムラとした感情を抱くようになっていた。といっても、もちろん、セックスなんてできないから、オナニーのオカズにするのが精いっぱいだ。まちがっても手を出そうなんて考えてもいなかった。

そんなある日のことだ。

夜中に突然、姉が私の部屋のドアをノックしてきた。そのときも私は姉をオカズにしてオナニーをしていたところなので、内心かなりあせった。

「ちょっと、お願いがあるから、私の部屋まで来てちょうだい」

こんな夜中にいったい……と思いながら姉の部屋に行くと、姉は深刻な顔をして私にこう打ち明けてきた。

「これまでずっと黙っていたけど……実は私、男性恐怖症なの」

突然の告白に私は驚いたが、どうやらそうなってしまった理由があるようだ。

幼いころから飛び抜けてかわいかった姉は、私がまだ物心もつかないころに、何者かに性的ないたずらをされてしまったらしい。

もちろん、セックスまでには至ってないだろうが、幼い股間を見られたり、指先でさわられたり……姉の話を聞いている自分の股間が熱くなるのを感じた。

とにかく、それがトラウマとなって姉は男性恐怖症となり、これまでずっと男を避けてきた。だがこのまま一生避けつづけるわけにもいかないと思い、そのために私の力を借りたいと言ってきたのだ。

「お願い……私と練習でいいから、セックスをしてほしいの……」

性的いたずらの話だけでもショックなのに、私はさらに驚いた。姉は本気らしく、私の手を握ってすがるように訴えてきたのだ。

「こんなことを頼めるのはもう、雄一《ゆういち》しかいないの。一度でもセックスができれば、きっと男性への苦手意識も薄れていくと思うから……」

姉はそこまでしゃべると、赤らめた顔を伏せた。

「こんなことを頼まれて迷惑かもしれないけど……一度きりでいいから……」

私にとってみれば、姉とセックスができるなんて夢のような話だった。迷惑どころか、夢にまで見た状況だった。

だが、姉と私は血の繋がった姉弟だ。近親相姦というタブーを犯すことの重大さを思えば、そう簡単には踏み切れなかった。

「でも……」

ためらう私に、とうとう姉は実力行使に踏み切った。

「これでも……まだ抱く気になれないの？」

なんと姉は、私の目の前でパジャマを脱ぎだしたのだ。

パジャマの下に、ブラは着けていなかった。突然、姉の大きな胸が露になったのだ。

私の心臓は早鐘のように鳴った。

姉の裸の胸を見るのは、お互い成長してからは初めてのことだった。

姉の胸が大きいことは知っていたが、色や形まではこのときまでは想像するしかなかった。だが実際に見てみて、その美しさに文字どおり心が奪われた。

まず、乳首の色の薄さが想像以上だった。まるで白人の乳首のようだった。

それがツンと、ほんの少しとがっている。もしかすると、姉はすでに興奮していたのかもしれない。そのつぶらな乳首が、釣鐘《つりがね》型というのか、少しだけ下にたわんだ乳房に上向きについている。目がひきつけられて、離せなくなってしまった。

「そんなに……見ないで……」

自分から裸になっておきながら、姉は恥ずかしそうに身をよじった。

こうなると、私も姉の気持ちを裏切ることはできない。何せ、やりたい盛りだから
ムラムラした気分も抑えきれなくなってしまった。

目の前の極上の女体をモノにできるのなら、近親相姦ぐらいなんだという精神状態になってしまったのだ。

「ほんとうに、いいんだよな……」

私は何度もそう確認した。姉は無言のまま、うなずいた。

それで、私の決心も固まった。しかし、いざセックスをしようとしても、私も姉も未経験だ。何をすればいいのかわからず、とりあえず胸に手を伸ばした。

「あん……！」

姉が小さな声をあげた。

姉の大きな乳房はやわらかかった。信じられないくらいやわらかかった。こんなにやわらかいものをさわったのは、生まれて初めてだったかもしれない。

「すげえ……」

思わず、感嘆《かんたん》の声が私の口から洩れた。

姉はくすぐったそうな、それだけじゃないような悩ましい顔で私の愛撫とも言えない愛撫に耐えていたが、やがてこう言った。

「まず……最初は、キスなんじゃないの……？」

うっかりしていた。とにかくあこがれの姉のおっぱいをさわりたくて、揉むことに夢中になってしまっていたのだ。

「あ……ああ」

私は姉の胸から名残惜《なごり》しく手を離すと、その手を姉の肩に置いて、互いの顔を近づけていった。

美しい姉の顔が目の前にあるが、直視すると近親相姦のことをどうしても考えてしまう。私は目を閉じて、姉の顔に自分の顔を重ねた。

「ん……」

姉の震える声が聞こえた。唇と唇が重なったのだ。姉は一瞬怯んだが、そのあとにすぐ、積極的に私の唇をむさぼってきた。熱い舌が、私の唇をこじ開けてきた。

姉の肩をつかんでいる私の手に、力がこもってきた。

「ん、ん……ちょっと……痛い……」

姉に言われて、あわてて手の力を抜いた。

その手を、姉の体のラインに沿ってすべらせるようにして(実際はさぞぎこちない動きだっただろうが)私は姉の腰に手を当てた。理想的なくびれだった。

「姉ちゃん……!」

私はつかんだ姉の腰をグイっと自分に引き寄せた。床の上にあったクッションの上に、姉の体があおむけになった。その拍子に、弾力のある姉の胸がぷるんと揺れた。

姉のパジャマの下をそのままおろしていった。姉も私の作業に協力するように腰をずらして、パジャマを全部脱がしてしまった。

パジャマの下には、水色の少女っぽいパンティをはいていた。

私は右腕を姉の両脚の間に割り入れて、パンティの上からさわってみた。姉の体はすでにかなり熱くなっていたが、〝その部分〟はそれ以上に熱くなっていた。

姉ちゃん……興奮してるんだ……感じているんだ……。

これは感激だった。童貞の自分に、女性を感じさせることができるだろうかと内心不安があった。でも、姉はちゃんと私のキスに感じてくれたのだ。

まだ直接オマ〇コにふれるのには抵抗があった。姉の体を汚いと思っていたわけではない。下着越しなら、まだギリギリセーフと思ったのかもしれない。

しかしパンティの奥からは、ジュクジュクと音を立てて愛液が溢れてくる。

それが指を濡らすと、私の興奮も止まらなくなって、さらに激しく指先を動かして姉のオマ〇コを責めてしまうのだ。自分の意志とは関係なく指が動くのだ。

「あ、あん、ん……！」

姉は必死で声を殺していた。両親のことを気にしているのかもしれない。

うちはそこそこ広い家で、二階で寝ているのは姉と私だけだったから、ほぼほぼ気づかれることはないはずだった。それでもやはり、大きな声を出すわけにはいかない。

顔を真っ赤にして声を立てまいと我慢している姉は、まるで拷問にかけられている女性のようで、なんだか嗜虐《しぎゃく》心を刺激されてしまった。

「気持ちいいのか？　ここが、そんなに気持ちいいのか、姉ちゃん……！」

私が鼻息を荒げると、姉はか細い声でささやいた。

「ちょっと雄一、怖いよ……でも……うん……気持ちいい……」

私は内心、有頂天だった。童貞の自分の指先が、一人の女性に快感を与えているのだ。これは大きな自信になり、その自信がさらなる大胆さに繋がった。

「ん……」

私は姉にもう一度キスをした。

さっきのようにおっかなびっくりの感じではなく、積極的に舌を絡ませて、感じようと、感じさせようと努力した。

そしてキスをしながら、パンティの中にじかに指を忍び込ませた。

覚悟を決めたのだ。

指先で探ってみると、繁みはうっすら……ではなく、剛毛だった。私以上に、強い毛が密集して生えていた。

これには、なんとも言えない興奮をおぼえた。あの色白で、清純な姉の股間に、こんな剛毛がみっしりと生えているなんて……。

もしかすると姉ちゃん、この剛毛も気にして奥手だったのかな……。

さらに言えば、姉の剛毛がさっきの私の愛撫により溢れたジュースで、ベットリと濡れていた。これにも興奮させられた。頭に血が上るようだった。

私は完全に発情状態になってしまった。

「あんっ……」

姉が小さな悲鳴をあげた。私が急に姉の腰を持ち上げたからだ。

裸の、生まれたままの姉の下半身が、私の目の前に来る体勢になった。色白な姉の顔は真っ赤になっていた。

部屋の明かりで照らされて、その部分ははっきりと見えた。

黒い繁みで、脚を閉じると何も見えなくなってしまう。だが少し広げれば、薄いピンクの肉の割れ目が、顔をのぞかせる。

生まれて初めて見る、生のオマ○コだった。剛毛なぶん、オマ○コそのもののきれいさが際立った。この上なく卑猥な光景だと思った。

チ○ポが、痛いくらいに勃起した。このまま何もしないでも射精しそうなほど興奮して怒張していた。

私は我慢できなくなって、姉のその部分に唇をおおいかぶせた。

「あんっ……！」

姉は大きな声を出しかけたが、すぐに声を殺した。手で口をおおっていたのかもしれない。だが私は、目の前のオマ○コを舐めるのに夢中だった。そして舌でふれる部分も、あとからあとから溢れてくる蜜でベトベトになっていた。

ときどき顔を上げて、オマ○コを観察した。

ピンクの亀裂の下側は、お尻の割れ目に繋がっていた。もう少し脚を広げさせればお尻の穴まで見えそうだ。姉のお尻の穴なんて、想像したことさえなかった。

亀裂の上のほうは私の愛撫で広げられて、中にあるクリトリスがすっかり露出していた。半透明に近いピンクで、見ていると興奮が止まらない。

私は再び、姉のオマ○コにキスをした。さっき口にしたのと同じ、情熱的なディープキスをしたのだ。同時に指先でも刺激した。

なんとか姉を感じさせようと、不器用なりに必死になって愛撫をすると、姉の口から洩れる喘ぎ声が大きくなってきた。

「やだ、どうして……」

姉が悩ましい声でささやいた。

「あんたとだと、怖くもないし……すごく感じちゃう……」

それを聞いた私がどれほどうれしかったか。

うれしさのあまり、さらに舌を激しく動かした。オマ○コの両側のひだが思いのほか伸びることを知って、唇で甘噛みして引っぱったりもした。姉はされるがままだ。

「ん、あ……はあ……」

突然、姉の体から力が抜けてぐったりとしてしまった。

私は驚いた。死んでしまうのかとさえ思ったのだ。

「だ……だいじょうぶ？　姉ちゃん……」

姉はしばらく過呼吸になったように息を荒げていたが、やがて呼吸がととのうと私の目をまっすぐ見ながらこう言った。

「い……イッちゃった……みたい……」

姉の白い肌には、汗が玉のように浮かんでいた。

自分が、姉とはいえ、こんな美人を絶頂させたなんて……私は感動していた。

そんな私のジャージの下半身を、姉が脱がしにかかってきた。

「雄一ばっかり……ずるい……」

もしかして、舐めてもらえるんだろうか……私は期待に胸をふくらませて、されるがままになった。

ジャージを脱がすのに、姉は苦労した。チ○ポがそり返るほど勃起していて、それが引っかかってうまく脱がせられないのだ。

私は腰を浮かせたりして、姉の作業に協力した。

テントのようになったグレーのボクサーパンツは、しみ出た先走り汁で濡れて先端が黒くなっていた。姉にそれを見られるのはとても恥ずかしかった。

姉はごくりと唾を飲むと、ボクサーパンツのゴムに指をかけた。

ゆっくりと引っぱっておろすと、中からマックスに興奮した状態のチ○ポが姿を現した。天井を向いている状態だ。

「こんなの……持ってたんだ……！」

姉はため息をついて、まじまじと眺めている。恥ずかしいが、その恥ずかしさも快感だった。こんな美人に、自分の粗末なものを見られることに、くすぐったいような気持ちよさを感じてしまったのだ。

「痛っ……！」

姉はいきなり、私のチ○ポにかぶりついてきた。

私は思わず声をあげた。姉の歯がチ〇ポに当たったのだ。

「ご、ごめんなさい……今度はやさしくするから、ね……」

姉はそう言って、顔を真っ赤にした。成績優秀な優等生の姉も、こんなふうにあわてふためくことがあるのだと、意外な一面を見た気持ちになった。

それでも姉はやはり頭がいいだけあって、学習能力が高かった。今度は口より先に舌を伸ばして、それを絡みつかせるようにチ〇ポを舐め上げてきたのだ。

「うっ……気持ちいい……」

思わず声になってしまった。童貞の私にとっては初めて経験するフェラチオだったから、比較のしようもない。だが、こんなに気持ちいいフェラはこの世にないだろうと断言できるくらいに、気持ちがよかった。

やはり、私は姉のことが大好きだったのだ。

「姉ちゃん……」

もう我慢できなかった。私は姉に頼まれたとか、そんな理由ではなく、自分の意志で姉を抱き寄せた。

自分の着ていたものはすべて脱ぎ捨てて、私は姉の体に自分の体を密着させた。お互いに緊張の汗をかいていて、それがふれ合う肌をさらに敏感にさせた。

姉のやわらかい乳房が、二人の体に挟まれてつぶれている。密着させたまま体を動かすと、乳首だけが硬く勃起しているのもはっきりとわかった。

チ○ポを握りしめて、姉の体におおいかぶさった状態で濡れたオマ○コに先端をあてがった。ぬるぬるとすべったし、角度もよくわからなかったが、二人でぎこちなく悪戦苦闘しながら、少しずつ挿入していった。

「痛い?」

「少し……」

姉はそう言いながらも、私の首に両手を回してきた。同じように両脚も、私の腰に巻きつけて自分に引き寄せてきた。

「んんっ……!」

姉の膣の奥まで、自分のチ○ポが届くのを感じた。幸福感が胸の奥から込み上げて止まらなくなった。そして幸福感以上に、単純に気持ちよかった。

ヌルヌルとしてやわらかなのに、きつく締めつけてくる。本物のオマ○コは手でするオナニーほど気持ちよくない、という話を聞いたことがあったが、姉のオマ○コにはそれが当てはまらなかった。

腰を少し動かしただけで気持ちよさが込み上げてきた。オナニーなんて目じゃなかった。このままじゃ、姉の中でイッてしまう……そう思いながらも、腰の動きを止めることができなかった。

「あんっ、あんっ、あんっ、あんんっ……！」

ひと突きごとに、姉の声が大きくなり、抱えた腰が悩ましくくねる。まるで汗だくの大蛇を抱きかかえているかのような感触だった。

「もうダメだ……姉ちゃん……！」

「来て……んっ……だ、だいじょうぶな日、だから……！」

姉の声を待たずして、私は姉の体の中で果てた。生涯最高の快感だった。

こうして私は、姉のセックスの練習台という大役を果たし、これで姉も男性恐怖症を克服してくれたと思った。だがこの夜以後も、姉が求めてきたのは私のみだった。私とでなければセックスはできないと、夜な夜な部屋に呼びつけるようになった。私は拒《こば》めなかった。すっかり、姉の肉体に溺れていたのだ。

こうして私たちは、いまでも関係を持ちつづけている。

お互い独身のまま、姉弟でありながら恋人のように禁断の同居生活を送っている。

豊潤牝穴でご奉仕する四十路美熟女！

[長嶺百恵　会社員・四十歳]

私は姉の息子であるヒロシくんと肉体関係を持っています。甥と叔母のそんな関係は、許されることではありません。それはわかっているのです。

ヒロシくんは大学生で、都心で独身生活を送る私のマンションから遠くない場所で部屋を借りて住んでいます。

きっかけは、彼が病気になったことでした。姉から電話をもらい、風邪をこじらせて寝込んでいるようだから様子を見にいってほしいと頼まれたのです。

私は仕事帰りに彼のアパートに寄って、恐縮する彼を尻目に食事を作り、部屋を片づけました。

幼いころは遊んであげたものでしたが、成長してからは自然と遠ざかり、顔を合わせるのも久しぶりでした。

さいわい熱も下がったようで、快方に向かっているようでした。

「あ、手伝います。というか、自分で片づけます」

そう言って起きだすヒロシくんを、私はベッドに押し戻しました。

「いいから、叔母さんに任せて、あなたは寝てなさい」

たまった洗濯物を洗濯機に入れて、私は、しぶしぶベッドに戻ったヒロシくんを振り返りました。パジャマ代わりのスウェットも何日も着がえていない様子でした。

「さあ、それも脱いじゃって。着がえなきゃ」

私は、電子レンジで温めた蒸しタオルをヒロシくんに渡して、スウェットを脱がせにかかりました。

「ほら、タオルで体ふきなさい。ずっとシャワーも浴びてないでしょ？　ちょっと臭いよ」

その匂いは男性の体臭を凝縮した匂いで、けっしていやな臭いではありませんでした。それどころか、女の芯をふるわせる魅力を持っていました。

スウェットを脱いだヒロシくんの体はもう立派な男性のもので、私は胸の高まりを抑えることができませんでした。

私の興奮が伝わったのでしょうか。綿のトランクスが、すっかりテントを張っていました。

ヒロシくんは勃起していたのです。

私たちは目が合い、気まずい沈黙が流れました。

「若いんだもん、しょうがないよね」

私は軽い口調でそう言いましたが、語尾がうわずってしまうのはどうしようもありませんでした。

「ぼく、叔母さんのこと、好きなんだ。子どものころから、ずっと好きだったんだ」

ヒロシくんがそんなことを言いました。胸がキュンとしました。

よけいに気まずい空気になりましたが、私は内心、うつむいて顔を真っ赤にしているヒロシくんがかわいくて仕方ありませんでした。

「……ねえ、そこ、すごく勃っちゃってるみたいだけど、それって痛くない？」

何を言い出すのかとけげんそうな顔でヒロシくんが私を見ました。

「うん、まあ……」

ますます顔が赤くなったようでした。またすぐにうつむいてしまったヒロシくんに、私は自分でも抑えがたくエッチな気持ちが込み上げてくるのを感じていました。

「……ねえ、誰にも内緒にできる？」

「何を、ですか……？」

ヒロシくんがまた私の顔を見ます。

「……それ、私がすっきりさせてあげようか？」

驚いた目がまん丸に開かれます。そんな表情は幼くて、子どものころの面影のままでした。私は、返事を待たずに彼の股間に手を伸ばしました。トランクスの上から、硬くなった部分を優しくなぞりました。

「ああ……！」

ヒロシくんが、ビクンと腰を引いて反応しました。でも、いやがっているふうではありません。

私は我慢できなくなって、トランクスの前開きの部分から指を差し入れました。指先が熱く熱を持ったペニスに直接ふれました。

「はああ……」

指を絡めると、ヒロシくんが熱いため息をつき、ペニスがひと回り大きくなり、さらに硬さを増しました。

「すごいね。また大きくなったよ。どこまで大きくなるの？　それに鉄みたいに硬くなってる……」

私は彼のトランクスを脱がせにかかりました。ヒロシくんは抵抗せず、それどころか尻を浮かせて脱がせやすいようにしてくれました。

「ね、約束して。誰にも内緒だからね？」

彼の目をのぞき込みながらそう言いました。ヒロシくんは私と目を合わせることはできないようでしたが、うんうんとうなずきました。

トランクスを脱がせると、ぴょこんとバネ仕かけのようにペニスが跳ねました。まだ若いペニスです。半ば包皮に隠れた亀頭は、きれいなピンク色でした。

つんと鼻をつく刺激臭がありました。凝縮した体臭を、さらに煮詰めたような匂いです。

「ごめんなさい。臭いですよね」

ヒロシくんは恐縮した様子で、あわててさっき渡した蒸しタオルでペニスをおおい、ごしごしとふきはじめました。

「いいから」

私は蒸しタオルを奪って、彼の手を払いのけると、身を乗り出して、股間に顔を埋めました。目の前のペニスに鼻先を近づけて、ことさらに息を吸い込みます。

「臭くないよ。いい匂いだよ」

ふきとるなんてもったいない。男の匂いです。女の芯をふるわせ、しびれさせる性臭です。

「ああ、そんな……」

若い彼には理解できないでしょう。私自身その年齢のころは、臭いものはただ臭いと思っていました。全然好きじゃありませんでした。性臭がかぐわしく思えるようになったのは、三十路も半ばを過ぎたころからだったでしょうか。

「もっと大人になったら、ヒロシくんにもきっとわかるよ」

そう言いながら、亀頭に唇をつけ、舌先を這わせました。口の中に溢れる唾液を亀頭に塗りつけるように、丸く円を描くようにします。

「はうう……!」

ヒロシくんが体をふるわせました。感じているようです。もっと感じさせてあげたい。そう思いました。

口を大きく開けて、亀頭全体を咥え込みます。限界まで膨張した若いペニスはほんとうに大きく、顎がはずれるかと思うくらいでした。

それでも、もっと気持ちよくさせたいと思う気持ちがまさりました。

溢れるよだれが滝のようになって茎に流れます。手指を絡め親指でよだれを茎全体に塗り伸ばします。それでも垂れ余る泡立つよだれを、添えたもう一方の手で玉袋にまで塗り広げました。

深く浅く、頭を上下させてピストンし、口いっぱいに頬張ったペニスをしごき立てました。

つい深く呑み込みすぎると、亀頭の先端がノドの奥まで届いてしまいます。のどちんこが刺激されて嘔吐感が込み上げ、嗚咽が洩れました。それでも私は、ピストンをやめませんでした。自分でも止められなかったのです。

ちゅうっと思いきり吸いつき、口腔内を真空状態に近づけて、頬の裏側の粘膜をペニスに密着させ、ぐいぐいしごきました。今度は、吸いつきをゆるめ、舌先に力を込めてれろれろと亀頭に絡めて刺激します。ひとしきり舌を暴れさせて疲れたら、また吸いついてピストン。その繰り返し。

とにかく私は、思いつく限りの愛撫を繰り出して、お口の奉仕を続けたのです。

「あ、叔母さん、だめです。気持ちよすぎるよ……俺、もう、イッちゃいます」

私は咥え込んだペニスから口を離すことなく、上気したヒロシくんの顔を上目づかいで見上げました。愛撫を弱めるどころか、よりいっそう激しくフェラチオしながら、目で合図を送ります。

いいんだよ。いつイッても。そのまま、お口に出していいんだからね。全部飲んであげるから。

アイコンタクトが伝わったのか、それとも単に我慢できなくなっただけなのか。ヒロシくんが射精しました。呼吸が止まり、全身に力が入るのがわかりました。私が上半身を預ける格好の彼の太腿の筋肉が、ぐっと盛り上がるのが胸の下で感じられました。口の中で亀頭が一回りも二回りも大きく膨れ上がり、そして破裂しました。

どばっと勢いよくほとばしる精液が口いっぱいに溢れます。私は一滴もこぼすまいと、ノドを鳴らして飲み下しました。粘度の高い粘液はノドに絡んで飲み込みずらいものでしたが、そんなことは言っていられません。よほど溜め込んでいたのか、精液はあとからあとから噴射されて尽きることがありませんでした。

なんとか最後の一滴までを飲み下し、ちゅうと吸いついて尿道に残る残滓《ざんし》までも飲み干しました。

ヒロシくんは止めていた息を長々とため息のように吐き出すと、思いきり深呼吸しながら、ベッドに肘をついて脱力しました。

「……すごく気持ちよかった。叔母さん、ありがとう……」

満足した様子で微笑むヒロシくんはかわいいけど、ちょっと憎らしくもありました。

自分だけ満足しちゃって。男の人っていつもそう。幼い顔をしてそういうところはしっかり大人の男と同じ。それでおしまいなんて許せませんでした。

「感謝は態度で示さなきゃ。大学ではそういうこと教えてくれないの？」

私は仁王立ちで立ち上がると、ヒロシくんを見おろして、軽く睨《にら》みつけました。

「え、態度って……？」

満足げな表情が一転、おろおろ顔に変わる様は見ものでした。そのかわいさに、またいとしさが込み上げます。

私の場合、いとしい気持ちはエッチな気持ちと地続きでした。あるいは、さっき飲んだばかりの精液が、体内で発酵して私の性欲を暴走させていたのかもしれません。

私はスカートのすそをつまんで、するするとめくり上げました。ヒロシくんの目がスカートの奥に釘づけになるのがわかりました。

「女のアソコ、見たことある？」

ヒロシくんが首を横に振ります。

「見せてあげてもいいけど、さっきあなたにしてあげたみたいに、叔母さんのこと、気持ちよくしてくれる？」

うんうんと何度もうなずくヒロシくんに、頭からスカートをかぶせました。

「脱がせて」

私はスカートの中のヒロシくんに言いました。

ヒロシくんが、おずおずとパンティの両脇に指をかけました。それだけで、愛液が洩れ出すのが自覚できました。パンティが脱がされました。スカートの中で、ヒロシくんが一所懸命アソコを見ているのが感じられました。

「もっと、よく見たいんじゃない？」

私は体勢を変えてベッドに腰かけ、スカートをたくし上げて両脚を開きました。白日の下にさらされた女性器に、ヒロシくんが息を呑むのがわかりました。

「さわってもいいんだよ」

私はそう言いましたが、ほんとうは私のほうがさわってほしくてうずうずしていたことを白状しなくてはいけません。

おずおずとヒロシくんは手を伸ばし、待望の指先が私のアソコにふれました。

「あん！」

ビリッと電気が走るような快感があり、思わず大声が出てしまいました。驚いたヒロシくんが、あわてて手を引っ込めました。

「やめなくていいんだよ。気持ちよかっただけなんだから」

苦笑する私の笑顔に安心して、ヒロシくんが再び手を伸ばします。ぎこちない指先が大小陰唇から膣口をなぞり、半ば包皮をかぶったクリトリスに至ります。

「ああ、そこ。そこがいちばん感じるところ……」

びくびくと痙攣する私の反応をうかがいながら、ヒロシくんの指先の、愛撫というか探索が続きます。

「ぬるぬるしてます。すごく濡れてる……」

ヒロシくんが言います。

「ああん、そりゃそうだよ。あん。だって、だって気持ちいいんだもん……」

背筋を駆け抜ける快感に腰をくねらせ、喘ぎながら私はこたえました。

「ああ、気持ちいいと濡れるの。ああん。濡れると気持ちいいの。あ、ああん……」

膣口から溢れ出す愛液をすくい取った彼の指先が、それをクリトリスに塗りつけるようにします。粘液のぬめりが密着を高め快感を高めました。

「ねえ、口でできる？　お口でしてほしいの……」

一瞬たじろいだヒロシくんでしたが、意を決した様子で、私の股間に顔を埋めて、アソコに唇をつけました。

陰唇から膣口、そしてクリトリスへと、指先と同じルートを今度は舌と唇がたどります。粘膜同士は密着の度合いも快感の大きさもひとしおでした。

「ああ、いい。気持ちいい。いいよ。じょうずよ。もっと、もっと舐めて。ああん！」

私はたまらなくなって、ヒロシくんの後頭部を両手でつかみ、さらに両脚で抱きかかえるようにして、自分の股間に押しつけました。

「ねえ、指も。指もちょうだい！　穴に、指、入れて！」

股間に顔を埋めて両手両脚で抱え込まれた不自由な体勢ながら、ヒロシくんが指先を膣口に届かせてくれました。私はもじもじと尻をうねらせて、彼の中指を咥え込みにかかります。

「もっと。もっと奥。もっと深く入れて！　ああ、そう。そうよ。気持ちいい。ああ、今度は……あん。その指で、指先で……ああん。穴の中を、ほじって。もっと、強く。もっと、ほじくって！」

私の言葉に従うヒロシくんの指先が、膣内の性感帯をぐりぐりと刺激します。

クリトリスへの舌先愛撫の刺激と相まって、快感はどんどん大きくなり、いまや腰の痙攣は全身に広がって、びくびく、がくがく、震えが止まりません。

絶頂の予感が、すぐ目の前にありました。

「あ、イケるかも。イキそう。ああ、ああん。もう……イク。イクから！」

私はヒロシくんの頭を抱え込んだ両脚をピンと突っ張り、背筋をのけぞらせて絶頂に達しました。

日々のオナニーで絶頂を得ている私ですが、やはり誰かの愛撫で達する絶頂は格別の味わいがあるものです。私は深い満足感とともにベッドに身を横たえて、呼吸がとのうのを待ちました。

ふとヒロシくんに目を向けると、彼はベッドにあぐらをかいてじっとこちらを見つめていました。正確に言うと、ヒロシくんが見ていたのは私のアソコです。絶頂の余韻にひくひくと細かく痙攣しながら、はしたなく愛液のよだれを垂らしている女性器でした。

「ねえ、叔母さん。そこに、入れちゃだめ？」

あぐらの中央では、復活したペニスがカマ首をもたげて勃起していました。矢印にも似たペニスが、女陰を指しています。

どう答えればいいのでしょう。私はいまさらのように困ってしまいました。

「ふつうは、いけないことだよね」

甥と叔母のセックスは許されないことです。フェラチオやクンニは、オナニーを手伝うようなものと思えば、まだぎりぎりの一線は越えていないとも言えますが、ペニスを挿入してしまえば、もうどんな言いわけもできません。

「でも、したいんだよね？　入れたいんだよね？」

ヒロシくんがうなずきます。その真剣な様子に、また私の胸にいとしさが込み上げ、そして、エッチな気持ちになりました。

「うん、いいよ。入れさせてあげる……セックスしよう！」

私たちは衣服を全部脱いで、裸で抱き合いました。汗ばむ肌と肌を密着させるのは、とても気持ちのいいことでした。

お互いの性器を舐め合った口と口でキスを交わします。舌を絡ませ、溢れる唾液を飲み合いました。

「じゃあ、入れるよ？」

私は、ヒロシくんをあおむけにして、その下腹部に跨りました。逆手に手を添えたペニスをヴァギナに導きます。

亀頭と陰唇、粘膜同士がこすれ合って粘液の糸を引き、にちゃにちゃと湿った音がしました。とてもエッチな音でした。

ゆっくりと腰を落とします。雄々《おお》しく硬い亀頭は、やすやすと陰唇をかき分け、膣口を押し広げて、膣内に侵入してきました。

「ああ、入ってくる。入ってくるよう……」

指の何倍も太いペニスに膣内を押し広げられる感覚は、とても素敵でした。圧倒的な圧迫感です。幸福な感覚でした。

深々と挿入されたペニスが、膣内の最奥部にまで届きました。

「ああ、深い。これ、いい……」

もう何年も恋人を作らず、セックスもご無沙汰だったことを後悔しました。こんなに気持ちのいいことを放棄して、私は何をしていたんだろう。

近親相姦の背徳感さえ、すぐにどこかに消え失せました。これほどの快感と幸福感が罪だなんて、そんなバカなことはありません。そのときはそう思えたのです。

「ああ、すごく気持ちいい。ヒロシくんはどう?」

眼下の彼に問いかけました。

「温かい。というか、熱いです……」

素直な感想に、思わず笑みがこぼれました。

「そう、そうなの。女の中は熱いの。これがセックスなんだよ」

ゆっくりと円を描くように腰をくねらせました。押し広げられた膣内のその粘膜の下に備わる性感神経に、刺激がびんびん伝わります。

「ああ、あん、ああん……！」

私はヒロシくんの腹筋に両手をついて体重を支え、浮かせた腰をさらにくねらせ、上下にもピストンしました。膣内のどこがどうこすれるとより気持ちがいいかということだけに意識を集中させます。

「ああ、気持ちいい。すごくいい……ああん！」

背筋が勝手にそり返り、私はバランスを崩して、ヒロシくんの太腿の上に尻もちをつきました。

危うく抜けそうになりましたが、身を起こしたヒロシくんが私の腰をつかんで抜けずにすみました。

そのまま体勢を変えて、向かい合って座る格好になりました。二人の顔が近づき、私たちはまたキスを交わしました。

「おっぱいも、さわっていい？」

ヒロシくんがそんなことを言います。

「わざわざ聞かなくてもいいの。何をどうしてもいいんだよ。好きなようにして。やりたいようにして」

ヒロシくんが乳房をもみしだき、胸に顔を埋めて乳首に吸いつきました。

乳飲み子のように熱心に乳首を吸う姿のかわいさに母性本能を刺激された私は、思わず彼の頭に腕を回して抱き締めました。その一方で、ペニスを咥え込んだ腰をくねらせて、どんよくに快感をむさぼります。

性感はどんどん高まり、もしかしたらこのままイケるかもと思いました。オナニーでは何度も絶頂を経験している私でしたが、それまでペニスでイッたことはありませんでした。どうやら私は、甥とのセックスで、人生初の挿入オルガズムを経験しようとしているのでした。

「ねえ、私、イケるかも。イッちゃうかも。ああ、すごい。すごく気持ちいい。ああ、ああ、ああん!」

私は、ピストンに拍車をかけ、腰をうねらせ、尻を振り立ててスパートをかけました。ガンガンと恥骨と恥骨がぶつかり合い、接合部から洩れ出す粘液が白濁して泡立ちました。

「俺も、イキます。もう出ちゃいそうです……」

ヒロシくんが切なそうに言います。

「あ、待って。もうちょっとだから。もうイキそうだから!お願いだから待って。まだイカないで!」

私はそんなことを口走りながら、夢中でピストンしました。

「無理です。ごめんなさい……イッちゃいます。出ます！」

膣内で亀頭がはじけました。噴出した精液が膣内に広がるのがわかりました。熱い膣内よりまだ熱い。まるで熱湯のように感じられました。そして次の瞬間、私も絶頂に達することができたのです。

「あああっ！」

頭の中が真っ白になり、大声で叫ぶ自分の声を、他人事のように聞きました。

以来、私たちの関係は続いています。こんなことはいけないと思いながら、ヒロシくんとのセックスに夢中です。

どうしても、久しぶりに手にしたこの性愛の悦びを、手放せない私なのです。

二人きりのお風呂でチ○ポを弄られ……

【三宅晴也　会社員・三十八歳】

私がまだ小学生だったころ、夏休みになると田舎にある伯母夫婦の家に預けられていました。

私は毎年この時期が最も楽しみでした。田舎は自然が豊かで、山や川など遊ぶ場所もたくさんあるからです。

楽しみはそれだけではありません。伯母の家には、広恵《ひろえ》さんという年上の従姉がいたのです。

私よりも五歳年上の広恵さんは、私のことを弟のようにかわいがってくれました。いつも二人で行動し、毎日どこかへ遊びに連れていってくれます。そればかりか、お風呂に入るのも寝るのも常にいっしょでした。

明るくてかわいくて面倒見もよく、一人っ子の私にとっては理想のお姉さんでした。

夏休みの間だけとはいえ、たっぷり甘えることができてとても幸せでした。

それに、ただ遊んでくれただけではありません。広恵さんは、私にさまざまなことを教えてくれたのです。

二人でお風呂に入ったときは、必ず私の体も洗ってくれました。それもゴシゴシと背中を流すだけでなく、股間まで手できれいにしてくれたのです。

「晴也《はるや》くん、大人になるとオチ○チンが硬くなるって知ってる？　まだわからないだろうけど、ここがカチカチになって大きくなるんだよ」

広恵さんは年のわりにかなりマセていて、どこからか仕入れた性的な知識を、こっそり私に披露してくれました。

もっとも幼かった私は、広恵さんの話もよく理解できませんでした。セックスという単語を耳にしても、大人は変わったことをするんだなぁと不思議に思っただけです。

しかし女性の体には、人一倍興味がありました。

すぐ目の前では、大好きなお姉さんが裸になっています。当然、お風呂に入るたびにじっくりと体を眺めていました。

まだ子どもの体つきですが、小学校の高学年から中学生になるころには、はっきりと胸もふくらんで股間には毛も生えてきていました。

広恵さんも、私がいくら裸を見てもいやがらないどころか、むしろ興味を持っていることを喜んでいるようでした。

「お姉ちゃんのあそこを見たい？」

そう聞かれて私がうなずくと、大きく足を開いて観察までさせてくれたのです。

私は割れ目とその奥のピンク色をした穴の入り口を、飽きることなく眺めていました。広げたり指を入れたりしてみても、怒られることはありませんでした。

そして最後には必ず「お母さんたちには内緒ね」と念を押され、私も約束を守りつづけました。

そうした甘ずっぱい体験も、私が小学校を卒業するまででした。私立の中学に入り勉強が忙しくなると、夏休みに田舎へ行くことはなくなったのです。

同時に広恵さんに会うこともなくなり、やがて私は高校生になりました。

しかし高校二年の夏休み、私は久々に伯母の家で過ごすことになったのです。

勉強も田舎の静かな環境でやったほうがはかどるだろうという、両親の気遣いでした。きっと勉強ばかりの私に、夏休みぐらい気分転換をさせたかったのだと思います。

私は久々にのんびりと田舎の空気を吸えるのと、広恵さんに会えるのが楽しみでなりませんでした。

そして伯母の家に着いてみると、まず驚いたのが広恵さんがずいぶん大人っぽくなっていたことです。

「晴也くん、久しぶり。だいぶ背が伸びたんじゃない？」

そう出迎えてくれた広恵さんも、髪が伸びて美人に成長していました。おまけに胸まで一回りほど大きくなっているようです。

このとき私は十七歳、広恵さんは二十二歳です。私はまだ高校生でしたが、広恵さんは就職して地元の企業に勤めていました。

伯母にも会えてずいぶんなつかしい気分でしたが、ここへ来た目的はあくまで勉強をすることです。

ただ高校生の私にとっては、落ち着いて勉強するには難しい環境でした。家の中だとどこにいても広恵さんの姿が目につくからです。

暑いのでしょうがないとはいえ、薄着で胸元をチラつかせながらすぐ目の前に来るので、目のやり場に困りました。

しかも広恵さんは、私が勉強をしている部屋にまで押しかけてくるのです。

私も昔のように無邪気に遊んだり甘えたりはできなくなっています。それなのに相変わらず私を弟扱いして、邪魔をするようにちょっかいを出してきました。

「ねぇ、勉強ばかりしてないで遊ぼうよ。昔はよくいっしょに山や川に行ったじゃない」

ずっとこんな調子なので、とても勉強に集中できません。

それだけならまだよかったのですが、私が相手にせずにいると、体を横にくっつけてこんなことまで言ってきました。

「今夜、また二人でお風呂に入ろうか。それが楽しみで来たんでしょ」

「冗談はやめてよ。もう高校生なんだから、いっしょになんか入らないよ」

正直に言うと、私も内心では昔のように、二人でお風呂に入りたくてたまりませんでした。

しかし子どものころとは違い、高校生になり性欲も人一倍あります。もし広恵さんの裸を見てしまえば、まちがいなく勃起してしまうでしょう。

そんなみっともない姿を見られたくないと思い、本心とは正反対のことを言ってしまったのです。

広恵さんは残念そうにしていましたが、私は邪念を振り払うのに必死でした。

夕食がすむと今度こそ勉強に集中し、気がつくと夜中になっていました。

伯母は気を使って私のお風呂を最後の順番にしてくれました。勉強が終わってからいつでも好きな時間に、のんびりと疲れをいやせるようにです。

伯母たちが寝静まったころ、私が一人でゆっくりお風呂につかっていると、風呂場の外から人の気配がしました。

いったい誰だろうと思っていると、扉を開けて現れたのは広恵さんだったのです。

「やっぱり来ちゃった。お父さんもお母さんも寝ちゃったからいいよね？」

「えっ、ちょっ……」

私が驚いたのは言うまでもありません。裸なのはもちろん、前も隠さずに堂々と入ってきたからです。

子どものころに見慣れていた裸とはいえ、久々に見た広恵さんの体は、ますます色っぽくなっていました。

大きく張り出した胸はもちろん、股間の毛もモジャモジャと広がっています。昔とは別人のような体つきでした。

私はしばらく広恵さんの裸に見とれたまま、湯船で固まっていました。

どうしよう、マズいと思いつつも、股間は反応しそうになっています。気を逸らそうにも、狭い湯船で二人きりなのだからどうしようもありません。

「この家のお風呂も、だいぶ小さく感じるでしょう。昔は二人で入っても大きかったのにね」

「……うん」

広恵さんとの会話も上の空で、視線もどこに向ければいいのかわかりません。

そんな私の態度に、広恵さんはおかしそうに笑いながら言いました。

「やだ、そんなに照れなくてもいいじゃない。昔は私のあそこまで見せてあげたのに」

そう言われて、あそこを広げて見せてもらったことまで思い出しました。おかげでますます気持ちが高まり、下半身が危うく反応しかけました。

しばらく向かい合っていると、立ち上がった広恵さんがこう言いました。

「外に出て。久しぶりに背中を流してあげる」

「えっ、いいよ。自分でやるから」

私がそう言っても、「いいから遠慮しないで」と強引に湯船の外に出されてしまいました。

なんとか股間を手で隠しながら洗い場に座ると、昔のように鼻歌を歌いながら広恵さんが背中を流す準備をしています。

私はどうにか硬くなりつつある股間がバレないように祈りました。背中側に座っているので向こうからは見えないものの、これ以上隠しておくのも限界です。

「じゃあ、洗ってあげるね」

そう言って、いきなり背中にやわらかいものが押しつけられたのです。

すぐに胸のふくらみだとわかり、私は驚いて声を出しかけました。

広恵さんはぴったりと私の背中にくっついて離れません。それどころか体ごと緩やかにこすりつけてくるのです。

「待って、なんで胸をこすりつけてるの」

「こっちのほうが気持ちいいでしょう？」

悪ふざけにしても、さすがにこれはやりすぎです。しかし止めさせようにも、背中で感じるふくよかな胸の感触が、それを許してくれませんでした。

ぬるぬるとした泡と、やわらかく張りのあるふくらみが、背中で円を描くように動いています。

とうとう私は我慢できずに完全に勃起してしまいました。もう隠しようもなく、バレてしまうのも時間の問題です。

そのときです。背中から伸びてきた手が、ペニスを包み込んだのです。

「あっ……！」

思わず私は声をあげました。

「やっぱり。もうこんなに硬くなってるじゃない」

広恵さんはそう言いながら、泡まみれの手で優しくペニスを洗いはじめました。

「子どものころはあんなにちっちゃかったのに、ずいぶん大きくなったのねぇ」

形を確かめるように手を動かされ、もう私は言葉も出ませんでした。腰をおろしてされるがまま、あまりの気持ちよさにうっとりしていました。

「ああ……」

「ふふっ、ここが感じるの？」

コリコリと亀頭をこねくり回され、快感がますます大きくなってきます。

広恵さんは手を止めることなく、こう耳元でささやいてきました。

「晴也くんが全然来てくれないから、すごくさびしかったのよ。大きくなったら、たくさん大人の遊びを教えてあげようと思ってたのに」

そんなことを考えていたなんて、私はまったく想像していませんでした。私の中ではきれいで優しいお姉さんのままだったからです。

次第に手の動きも速くなり、もう射精が近づいてきました。

「ああ、ダメだよ。それ以上されると出ちゃうから」

私がそう言っても、広恵さんは手を離してくれません。逆にペニスを激しくこすりながら、ささやきかけてきました。

「出しちゃっていいんだよ。大人になったところ、見せて」

片手を股間に這わせながら、もう片方の手でがっしりと体を抱いて、私が逃げられないようにしていました。

とうとう私は我慢の限界に達し、溜まっていたものを一気に発射しました。

「うあぁっ……！」

すさまじい快感に、腰が浮き上がってしまいそうでした。

ペニスの先から勢いよく精液が飛び散っていきます。最初の一撃はこれまでに見たことがないほどの距離が出ました。

「わっ、すごい！　あんなに飛ぶんだ」

広恵さんも驚きながら、ペニスをしごきつづけてくれました。

何度も何度も精液を飛ばし、ようやく射精が収まったころ、一気に体の力が抜けてしまいました。

自分の手でするオナニーの何倍もの気持ちよさでした。射精後もけだるい気分ではなく、もっとしてもらいたいと思えるほどです。

「どうだった？　あれだけ出るんだから、だいぶ溜まってたんでしょう」

満足した私に、広恵さんがふつうに背中を洗い流しながら聞いてきました。

しかし私は照れてしまって何も答えられませんでした。勃起したペニスだけでなく射精まで見られ、急に恥ずかしくなってきたのです。

もっとも体のほうは別で、射精したばかりなのに、もうムクムクとふくらみかけていました。

「ふふっ、よっぽど気持ちよかったんだね。じゃあ、今度は私の番ね」

私の体を洗い流してしまうと、広恵さんが背中を向けて目の前に座りました。

小さいころはこうして順番に洗いっこをしていましたが、いまの広恵さんの体は大きさやスタイルがまったく違います。

なによりも背中越しに見える胸が大きく成長していました。ふくらみかけだったころよりも、乳首がツンととがっています。

そうやって私が後ろからのぞき見しているのに、広恵さんも気づいたようです。

「見てるだけじゃなくて、おっぱいさわってもいいんだよ」

「えっ、いや……いいよ」

ほんとうはさわりたくてたまらないのに、私はそう答えてしまいました。

すると広恵さんは「いいから、ほら」と強引に私の手を前に引っぱり、胸をさわらせてくれたのです。

最初は遠慮して、恐るおそる手のひらでふくらみを包み込んでいました。しかしもみ心地を味わってしまうと、もう手が離せなくなりました。

「あれぇ？　さっきは遠慮してたのに。いやらしい手つきになってる」

広恵さんがからかうように言います。

おかげで私も緊張がほぐれてきました。昔のようにふざけ合いながら洗いっこをする、そんな気分に戻っていました。

「やっと明るくなってきたね。ずっと暗い顔ばかりで心配してたんだから」

確かに田舎に来てからも勉強ばかりで、ずっとピリピリしたままでした。広恵さんはそんな私を気遣って、エッチなことをさせてくれたのかもしれません。

「ねぇ、下のほうも洗ってよ」

胸ばかり洗っていた私に、広恵さんがそうせがんできました。

そのままこちら向きになり、大きく足を広げます。

以前に見たあそこよりも、毛深くなりやや色も濃くなっていました。体つきだけでなく、こっちまで大人になった印象です。

昔はよくこうしてあそこを見せてもらい、いたずらもずいぶんしたものです。当時

んでいる。


は性欲もなく好奇心だけでしたが、もうそんな子どもではありません。

「晴也くんはここを観察するの好きだったよね。お風呂に入ると、いつものぞき込んで指で広げたりして」

「最初に見せてくれたのは、そっちなのに。お母さんたちには内緒ねとか言って」

そんななつかしい思い出を話しながら、私は股間全体をていねいに洗ってやりました。

さわっていると、ときおり広恵さんの体が、ぴくんぴくんと反応します。

「こうやって洗ってもらっているとき、すごく気持ちよかったのよ。何度も声を出しそうになったんだから」

広恵さんはいやらしい笑みを浮かべていました。そして私に向かって、もう一度指を入れてほしいとお願いをしてきたのです。

私は言われるままに、あそこの内側にある穴へ人差し指を入れました。

「ああ……」

広恵さんの顔が、うっとりとした表情に染まっていきます。

穴の内側は熱く、ずいぶんぬかるんでいました。石鹸ではない、ぬるぬるした液で濡れています。

感じていると思うと私も興奮し、指を深く出し入れさせました。

「あっ、あっ、ダメ……そんなに激しくしちゃ」

そう言いつつも、ちっともいやがっているようには見えません。むしろ激しく出し入れさせたほうが明らかに感じています。

私が夢中になって指を動かしていると、あそこの奥がキュッと締まりました。

「ああっ、イクっ、ああ……！」

突然大きな声を出したかと思うと、何度も腰が跳ね上がったのです。

広恵さんのあられもない姿を目の当たりにした私は、あっけに取られました。

しばらく大股開きのまま、広恵さんも放心状態でした。私が指を抜くと、あそこの穴はぬるぬるした液まみれになり、ヒクヒクとふるえていました。

「やだ、どうしよう。私まで指でイカされちゃった」

起き上がって私を見た広恵さんは、少し恥ずかしそうにしています。

その姿に、私はさらに興奮させられました。すでにペニスは限界まで勃起し、いますぐにでも襲いかかりたい気分です。

きっと広恵さんもそれを拒まないだろうとわかっていても、やはり小さいころから慕っていたお姉さんです。どうしても最後の一線を越えてしまうのは、ためらってししかし私が迷っていると、広恵さんが私の手を取ってこう誘ってきました。

「続きは部屋に戻ってからしようよ。ね？」

どうやら私とは違い、広恵さんにセックスへの迷いはなさそうです。

もちろん私は喜んで誘いに乗りました。こうなればいっさいのためらいを捨て、最後まで身をまかせてしまおうと決めたのです。

風呂場を出てバスタオルで体をぬぐうと、二人で裸のまま部屋へ向かいました。

伯母夫婦はすでに寝ているようなので、気づかれはしないはずです。それでも洩れてくる物音と声には気をつけようと、二人で話し合いました。

さっそく私たちは布団を敷き、まず広恵さんが横になって私を手招きしました。

「そこに添い寝して。いまから、とっても気持ちいいこと教えてあげる」

私がワクワクしながら従うと、おもむろに真上から顔が迫ってきました。

まずは軽いキスから始まり、舌が入ってきます。次第にねっとりと甘いディープキスになっていきました。

キスも初めてだった私は、舌と舌の絡み合いにも興奮し、夢中になりました。

顔が離れると、今度は広恵さんの頭が下半身へ移動していきます。

それだけで私は次に何をされるか察しました。胸がドキドキし、ペニスに唇が近づくと、手に汗をかいてしまいそうでした。

「すごく元気ね。ちゃんと皮も剝けてる」

そう言うと広恵さんの唇が、チュッと亀頭に押し当てられたのです。

風呂場で指でさわられたときよりも、大きな衝撃が走りました。

もちろんフェラチオという言葉ぐらいは知っています。それを広恵さんにしてもらえるだけでたまらない気分でした。

さらに咥えてもらえると、腰が溶けそうになり「ああ……」という声が出ました。口の中は生温かくて唾液がたっぷり溜まっていました。奥まで吸い込まれて舌を絡められると、最高の気持ちよさです。

しばらくうっとりと天井を見上げているだけでしたが、私の顔に広恵さんの下半身が迫ってきました。

フェラチオをしたまま私の顔を跨ぎ、シックスナインの形にしたのです。

目の前に迫ってきた股間に、私は夢中でむしゃぶりつきました。私が舌を走らせるたびに、広恵さんも気持ちよさそうに悶えています。

そうやって私たちは布団の上で、互いの股間を舐め合っていました。

先に口を離したのは広恵さんです。我慢できなくなったのか、お尻を持ち上げて私に「そろそろ、いい?」と確認してきました。

私もいつセックスをさせてくれるか、舐めてもらっている間もそればかりを考えていました。

いよいよそのときが来たのだと思うと、とても待ちきれそうにありません。

「じゃあ、そのまま横になっててね。私が上になるから」

広恵さんはシックスナインのときのように、今度は私の腰に跨ってきました。

そのまま腰を落とすと、ペニスがあそこの繁みの奥に呑み込まれていきます。

「ああっ、気持ちいいっ」

ぬかるんだあそこの中は、とてつもない窮屈さでした。私は快感のあまり、広恵さんの手をギュッと強く握ってしまいました。

広恵さんはというと、つながったまま私の顔を優しい表情で眺めています。小さいころに私をかわいがってくれたときと、そっくりの顔でした。

「つながってみてどんな感じ? まだ我慢できそう?」

「う……うん、だいじょうぶ」

私はそう返事をしましたが、実際は興奮でギリギリの状態でした。

なにしろせっかくの初体験で、まだ入れたばかりです。弱音を吐くには早すぎると思い嘘をついてしまいました。

「いいんだよ、無理しなくても。出したくなったら、いつでも私に言って」

しかし広恵さんはお見通しでした。私がすぐに射精しないよう、落ち着くまで動きを控えめにしてくれました。

それでも、あそこの中をペニスが出たり入ったりするたびに、快感が休みなく込み上げてきます。

熱くてぬるぬるして、締め上げてくる感触がたまりません。ただでさえ気持ちいいのに、下になっている私は逃げ場がないのです。

見上げると、広恵さんが色っぽい顔で喘いでいました。

「あっ、あんっ、私も……すごく気持ちよくなってきちゃった」

次第に腰の動きも大きくなってきました。最初は加減をしてくれていましたが、お尻をクイクイとすばやく揺さぶってきます。

弾むように揺れる胸に私も手を伸ばし、両手でわしづかみにしました。

そうして胸をもんでいると、股間ではより激しいお尻の動きがはじまっていました。

「いいっ、あっ、もうダメ、止まらなくなっちゃう！」

「シーッ、外に声が聞こえちゃうよ」

私の声すら耳に届いているのかわかりません。勢いをつけてお尻を押しつけてくるので、腰に衝撃が伝わってきます。

もう私は快感から逃れようがありませんでした。すでに射精が近いうえに、ペニスを抜くのも間に合いそうにありません。

「出る、出ちゃうよ！」

私があせってそう言っても、広恵さんは動きを止めてくれません。

「出しちゃってもいいよ……今日だけは特別だから」

その言葉が終わらないうちに、快感が弾けて射精が始まりました。

風呂場での最初の射精よりも、はるかに強烈で息が詰まりそうな刺激です。横たわった布団の上で、私は口を開いたまま恍惚《こうこつ》となっていました。

ドクドクと広恵さんのあそこの中で、精液が広がってゆくのがわかります。

「ああ……」

ようやく快感の波が引き、すべてを出し尽くすと、大きく息を吐きました。

童貞だった私には最高の初体験でした。気持ちよさだけでなく、勉強のストレスや疲れも一気に吹き飛びました。

それも私のためにここまでしてくれた広恵さんのおかげです。小さいころのように布団の中で甘えたい気分でした。

「私たちがエッチしちゃったこと、絶対に誰にも秘密ね……約束だよ」

セックスが終わって二人で横になったまま、指切りげんまんをしました。

こうして私は田舎で過ごす間、広恵さんとこっそり何度も関係を持ちました。会えるのは夏の間だけでしたが、大学生になってからも毎年顔を出しつづけました。

現在は私も家庭を持ち、親元から離れて暮らしています。

広恵さんも地元の男性と結婚をしました。たまに顔を見ることもあるのですが、昔と変わらず美人のままで、とても幸せそうです。

私にとっては一生忘れることのない、甘ずっぱい夏の思い出です。

妻の妊娠中にお世話をしてくれた熟義母
泥酔した私は熟成女孔を責めまくり！

［津崎健治郎　会社員・四十一歳］

私の忘れられない体験は、九つ下の妻・美春《みはる》が出産を控えて入院した七年前の年の瀬まで遡《さかのぼ》ります。

私の仕事はかなりの激務で複数の忘年会も重なり、身の回りのことは美春の母、今日子《きょうこ》さんが仕事を休み、泊まり込みで世話をしてくれました。

今日子さんは夫を早くに亡くし、女手ひとつで美春を育てたシングルマザーです。形のいい眉、涼しげな目元、すっきりした鼻筋に薄くも厚くもない唇と、とても四十七歳には見えない美しい女性でした。

保険の外交員をしていたため、若々しい外見を意識していたのかもしれません。イメージで言えば、昔の映画女優の雰囲気を感じさせたでしょうか。

姿格好ばかりでなく、豊満な体つきも男心を誘う魅力に満ち溢れ、初対面のときからひそかにあこがれに近い感情を抱いていました。

美春との結婚を決めたのも、今日子さんのような熟女になるのではないかという期待感もあったのではないかと思います。

あの日は仕事の疲れがピークに達していたころで、ベロンベロンに酔ってしまい、深夜一時ごろに帰宅しました。

今日子さんが介抱してくれ、寝室まで運んでくれたのですが、前後不覚に陥っていた私は美春が入院していることを忘れ、義母をすっかり妻だと思い込んでしまったんです。

「う、うぅん」

「重いわ……しっかりして」

柔らかい肌の温もりを服越しに感じつつ、激しい性欲が股間の中心で渦巻きました。

夫婦の営みはお預け状態が続いていたため、性欲が溜まりに溜まっていたんです。

私の体を支えることに精いっぱいだったのか、部屋の照明はつけられず、彼女は廊下側から射し込む光を頼りに、ベッドカバーと掛け布団をまくり上げました。

ベッドに寝かされると同時に私は彼女の手を引っぱり、肉感的な体を思いきり抱き締めてしまったんです。

「きゃっ」

「うぅ、美春」

「や、やめて、健治郎《けんじろう》さん、私は美春じゃないわ」

彼女は盛んに拒絶の言葉を放っていたようですが、私の耳には入らず、股間を下腹に押しつけるたびに全身の血が逆流しました。

「美春、愛してるよ」

「ちょっ、待って……健治郎さん、しっかりしてちょうだい……あっ」

体の脇から左手をもぐり込ませ、胸のふくらみをわしづかむと、熟女は蚊の鳴くような声をあげました。

「ほら、チ○ポだって、もうビンビンなんだぜ」

「い、いやっ」

懸命に逃れようとする体を抱き寄せ、口元にキスの雨を降らせると、やがて彼女の体から力が抜け落ちました。

私はさも当然とばかりにスカートをたくし上げ、ショーツを強引に引きおろしたんです。

「だ、だめだったら……くっ」

「またお預けかい？　もう我慢できないよ」

「健治郎さん！」

ハイトーンの声が耳に届いた瞬間、私はようやく我に返り、恐るおそる目を開けて様子をうかがいました。

今日子さんの顔が目に入ったときは、まさに心臓が止まるほどの衝撃で、どうしたものかと激しくうろたえました。

すぐに謝罪すべきだと考えたものの、右手はすでに生尻をなでさすっており、バストをもみしだく左手の動きもまったく止まりませんでした。

下腹に押し当てたペニスもガチガチの状態で、あのときは性欲の嵐に翻弄《ほんろう》されるばかりで、鎮めることができなかったんです。

ただ不思議なことに、今日子さんはもう抵抗せずに目を閉じていました。

義理の息子に襲われるなどとは思いもせず、ショックを受けて悲しんでいるのかもしれない。

そう考え、即座に謝ろうとした刹那《せつな》、思いがけない出来事が起こりました。

今日子さんが突然、股間のふくらみを手のひらでなで上げてきたんです。

「う、ぐっ！」

快感の稲妻が身を貫き、私の手の動きが一瞬にして止まりました。

体を合わせている間に気が変わったのか、それともほかに理由があるのか。

ドギマギしている間にズボンのベルトがはずされ、チャックが引きおろされると、性の悦びに全身が打ち震えました。

謝罪する気は遙かかなたへと吹き飛び、ペニスが節操なく脈打ちました。

あとで話を聞いたところ、最後の一線だけは回避しなければと、強引に発射させることを思いついたようです。

今日子さんの心境など知るよしもなく、私の頭の中は性欲一色に染まりました。

もとからあこがれていた女性なのですから、彼女がその気なら遠慮する必要は何もありません。

禁断の関係というシチュエーションが大きな昂奮を駆り立て、私の性衝動はもはや雨が降ろうが槍が降ろうが止まりませんでした。

熟女はトランクスのウエストから手をもぐり込ませ、ペニスを直接握り込み、シュッシュッとしごき立てました。

「あ、うっ」

しょっぱなから、なんと積極的な行為で性感をあおるのか。

色めき立った私はすばやく体位を入れ替え、ショーツを足首から抜き取るや、負けじと右手を股のつけ根にすべり込ませました。

「あ……やっ」

両足がピタリと閉じたものの、肉づきのいい内腿は手の侵入をたやすく許し、肉びらの感触が指先にまとわりつきました。

手探り状態で敏感なスポットをとらえ、指を上下に動かせば、腰がぶるっぶるっとわななきました。

「やぁあぁっ」

同時にペニスをしごく手にも力が入り、鈴口から溢れ出たカウパー液が、にっちゃにっちゃと淫らな水音を響かせました。

「ぐ、おおぉぉっ」

このままでは射精まで導かれてしまうと考えた私は、反撃とばかりに小さな突起を指先でくにくにとこね回しました。

「ひぃぃっ！」

こうなったら、どちらが早く絶頂に達するか。

我慢比べを続ける最中、今日子さんの様子に変化が現れました。

豊かな腰をもどかしげに揺らし、両足からも徐々に力が抜け落ちていったんです。

くちゅくちゅと卑猥な音が響きだし、愛液を溢れさせているのはすぐにわかりました。しめたと思った私は親指でクリトリスをなでつけ、中指と薬指を膣の中に埋め込みました。

「ンっ！」

今日子さんは小さな悲鳴をあげたあと、身をのけぞらせ、ペニスを握る力がさらに弱まりました。

私はここぞとばかりに指のスライドを開始し、指腹で膣の上にある梅干し大のしこりをこれでもかとなで回したんです。

「や、やぁぁっ！」

熟女は細いうめき声をあげつつ、ヒップをベッドから浮かせました。

柔らかい膣肉が収縮を開始し、指先をギューッと締めつけましたが、私はかまわず激しいピストンで性感スポットに刺激を与えました。

「いつになく濡れてるじゃないか。お前も、溜まってたんだな」

この段階になると、私もすっかり昂奮し、美春だと思い込んでいるふりを装いつつ、言葉責めを開始しました。

もしかすると、今日子さんはマゾっ気があったのかもしれません。

卑猥な言葉を投げかけるたびに腰をひきつらせ、あそこから大量の愛液を噴き出させました。

「ンっ、やっ」

「ほら、ここか？　ここがいいんだな」

「あ、ンっ、ンっ、ンっ！」

「クリちゃんも、いっしょにいじり回してやるよ」

「いぃひっ！」

美熟女は奇妙なうめき声をあげたあと、身をこわばらせました。そしてもくろ見どおり、ついにエクスタシーへと導いたんです。

彼女はエンストした車のように腰をふるわせ、やがて宙に浮かんだヒップをベッドにストンと落としました。

半信半疑で顔をのぞき込むと、口元には満足げな笑みが浮かび、うっとりしているように見えました。

女手ひとつで美春を育て、男との性交渉は長らく途絶えていたに違いない。そう考えた私は舌舐めずりしつつ、道ならぬ関係に思いを馳せました。

私はためらうことなくスカートの下に頭を突っ込み、今度は口と舌で熟女の肉体に快感を吹き込んでいったんです。

「あ、やっ、だめ、だめよ」

さすがに恥ずかしかったのでしょう。熟女はすぐさま我に返り、手で頭を押さえつけたものの、舌先を縦横無尽に跳ね躍らせ、陰部に吸いついては愛液をじゅるじゅるすすり上げました。

その間にワイシャツとズボン、下着を脱ぎ捨て、インナー一枚だけの姿になった私に、もはやまともな理性は微塵《みじん》も働きませんでした。

小さな肉の芽を突つき、掃《は》きなぶり、はたまた吸い立てると、ヒップがまたもや浮き上がり、とろみがかった愛液がだらだら滴りました。

「あっ、やっ、やっ……くふぅ」

二度目の絶頂を迎えたと確信した直後、陰部から顔を離せば、口の周りは大量の愛液でベトベトになっていました。

彼女が軽い失神に陥ったところで、今度は唇に吸いつき、唾液を送り込みながら舌を絡ませました。

「ンっ、ふっ、ンっ、ふぅぅっ」

今日子さんが自ら舌を吸ってきたときは高揚し、これまで経験したことのない達成感にひたりました。

細長い指がペニスに絡みつくや、義母と禁断の関係を結ぶことで頭の中がいっぱいになりました。

「お、俺のも……しゃぶって」

胴体をゆるゆるしごかれると辛抱できなくなり、私はあおむけに寝転がりながら獣じみた欲望を口にしました。

彼女は、いったいどんな反応を見せるのか。

ワクワクしながら待ち受けるなか、熟女は髪をかき上げて身を起こし、私の下腹部に移動しました。

そしてペニスに顔を近づけ、艶《つや》やかな唇の間に亀頭を招き入れたんです。

「お、おおっ」

ぬっくりした感触に続いてヌルヌルの粘膜がチ○ポを包み込み、快感が背筋を駆け抜けました。

あまりの快感に身をアーチ状にそらし、指先をシーツに食い込ませてしまったほどです。

熟女の口の中は肉厚で吸引力が半端なく、ペニスがもぎ取れそうな激しさで吸い立ててくるのですから、美春とはひと味違う感触に感動すら覚えました。

じゅっぽじゅっぽといやらしい音を立ててチ○ポを舐めしゃぶられ、射精欲求があっという間にレッドゾーンに飛び込みました。

「あ、おおっ」

射精をこらえることに必死になる最中、手のひらで陰囊までなでさすられ、欲望のかたまりが出口を何度もノックしました。

アルコールの多量摂取で感度が鈍くなっていなかったら、まちがいなくあの時点で放出していたと思います。

「な、舐めさせて……おマ○コを舐めさせて」

フェラを中断させ、クンニリングスでインターバルを空けたい。そう考えたものの、彼女はペニスを咥え込んだまま離さず、顔を猛烈な勢いで振り立ててました。

「う、おおっ」

ペニスがドクンと脈打った瞬間、私は身を起こしてフェラチオを強引にやめさせ、彼女の体を引っぱり上げたんです。

「きゃっ！」

「いやらしいフェラ、いったいどこで覚えたんだ?」

「どこでって……」

「ようし、いま調べてやるからな」

「あ、ちょっ……」

私はスカートをたくし上げ、足を左右に目いっぱい開きました。

すっかり溶け崩れた陰部は陰唇が外側にめくれ、とろとろの内粘膜が飛び出さんばかりに盛り上がっていました。

「やぁあっ!」

今日子さんは交差した両手で局部を隠そうとしましたが、そうはさせじとかぶりつき、クリトリスと小陰唇を口中に引き込み、凄まじい勢いで吸い立てました。

硬いしこりをくにくにと甘噛みすれば、豊満な肉体は激しくひくつき、期待どおりの反応を見せてくれました。

「ああ、やぁ、やぁ、あ、ンっ、ンうっ!」

三度目のエクスタシーに導いたあと、またもや指を膣内に挿入し、Gスポットを執拗にこすり立てました。

「欲しくなったら、おねだりしていいんだぞ」

「ああ、ああっ」

「言わないなら、このままやめちゃうぞ、いいのか？」

「はぁああっ、ほしい、欲しいわ」

「何が、欲しいんだ？」

「おチ○チン、おチ○チン入れてぇ！」

ソプラノの声が響き渡り、征服願望を満足させた私は、彼女の足の間に腰を割り入れました。

「ひっ、ぐっ！」

限界まで膨れ上がったペニスは、膣の入り口をなかなか通り抜けませんでした。それでも腰を迫り出せば、カリ首が膣内に埋め込まれ、勢い余って奥までズブズブと埋め込まれました。

柔らかくてふっくらした膣肉がペニスをおおい尽くしていくときの快感は、はっきり覚えています。

出産経験があるからなのか、こちらも美春とは段違いの気持ちよさで、ぬめり返った媚肉がうねりながら、チ○ポをキュンキュン締めつけてくるんです。

筋肉ばかりか骨まで溶けそうな快感に、私は奥歯を嚙みしめ、射精を必死にこらえました。

そして根元まで埋め込んだあと、ヒップを抱え上げ、怒濤《どとう》のピストンで膣肉をえぐり回していったんです。

「ぬ、おおおっ！」

「ひっ、いやぁぁっ！」

あのときの私は、まさに一匹の性獣と化していました。

こんなチャンスは、二度とないかもしれない。その一心で、美しい義母に牡の欲望をあらん限りぶつけたんです。

「どうだ、気持ちいいか！」

「いい、いい！　気持ちいいわ！」

「溜まりに溜まってるから、一発だけじゃ収まらないぞ！　何度でもイカせてやるからな」

「あ、ひぃぃっ！」

彼女はブリッジ状にのけぞり、金切り声を絶え間なく張りあげました。

私は腰をガンガン打ち振り、猛々《たけだけ》しいペニスで膣肉をこれでもかとえぐり回したんです。

「やぁ、イクっ、イッちゃうわ！」

「ああ、俺も……もうイキそうだ」

歯を剝き出して渾身のピストンを繰り出したものの、あまりの快感にペニスの芯がジンジン疼きました。

大量の愛液が胴体にまとわりつき、ひりつき感はそれほどなかったのですが、今日子さんのあそこの中は収縮を開始し、ペニスの先端から根元をまんべんなくもみしごいてくるんです。

「あぁ、イクっ、イッちゃう！」

「く、おおっ」

「イクイクっ、イックぅン！」

最後に腰をドシンと突き出したあと、熟女はヒップを何度もバウンドさせ、私は膣からペニスを一気に引き抜きました。

とたんに鈴口から大量の精液がしぶき、今日子さんのブラウスや下腹部がみるみる真っ白に染まりました。

「あ、おおっ！」

天を仰いでうめいたあと、私は精も根も尽き果てて彼女の真横に崩れ落ち、心臓がバクバクと大きな音を立てました。

「はあ、ふう、はあ、はあ」

あれほど気持ちのいいセックスを経験したのは初めてのことで、まるで雲の上をただよっているかのような感覚でした。

そのあと、私は心地いい満足感にひたりつつ、酔いと疲労から泥のように眠ってしまったそうです。

翌朝、目覚めたとき、記憶の糸を手繰り寄せた私は、またたく間に青ざめました。

夢であってほしいと心の底から願いましたが、もちろん現実に起こったことはよくわかっていました。

何せ私は全裸の状態で寝ており、ペニスにカピカピに乾いた愛液と精液がこびりついていたのですから。

もしかすると、義母は怒って帰ってしまったかもしれない。

こわごわリビングに向かうと、今日子さんは朝食を用意しており、けっして目を合わせようとしませんでした。

キッチンに立つ彼女のヒップを目にしたとたん、またもやムラムラしてきて、股間に熱い血潮が注がれました。

結局、昨夜のことは忘れましょうと言われたのですが、一度味わった熟女の魅力を忘れることなんてできません。

子どもが生まれてからも二度ほど誘い、禁断の関係を結んだのですが、このままではいけないと思ったのでしょう。

驚いたことに今日子さんには交際している男性がいて、半年後にその人と結婚してしまい、私たちの秘密の関係はあっけなく終わりを迎えてしまいました。

第四章

禁忌の淫罪を犯して彷徨いつづける人々

溜まりまくった男精汁を搾り摂られ……

［中江春彦　会社員・五十三歳］

年老いた母親と、東京郊外の一軒家で二人暮らしをしています。私はサラリーマンをしており、平日の朝は介護施設に母親を預け、仕事の帰りに連れて帰るという生活を続けていました。

私は十年ほど前に離婚したバツイチでしたが再婚はとっくにあきらめ、特に何があるわけでもない日々を繰り返していました。前妻との間に子どもはいません。

そんな毎日を送っていた二年前、姪の真希《まき》を巡る騒ぎが起こりました。春先のある日、結婚して都内に住む姉から連絡があり、一人娘の真希をしばらく預かってほしいと頼まれたのです。

いきなりの話で困惑して事情を尋ねたところ、少し前まで真希とつきあっていた相手が、別れたあともしつこくつきまとっているのだと聞かされました。一度は義兄が男に注意したようですが、それでも最近、家の近所でときどき見かけるのだそうです。

姪の真希とは久しく会っていませんでしたが、結構な歳になっているはずで、正直そんな大人に対して心配しすぎな気もしました。けれど姉から頼み込まれ、私の家ならストーカーも知らないし部屋も余っているので、結局、彼女を預かることにしたのでした。

翌日、大荷物とともにやってきた真希を見て、私は自分の目を疑いました。あとで本人から聞いたところでは、私と会ったのは五～六年ぶりだそうでした。歳は三十二になったばかりとのことです。

そんな彼女の何に驚いたかというと、叔父と姪という関係を抜きにして、女としての魅力でした。自分の記憶の中の二十代の真希は、まだ子どもっぽさが残っていました。それがしばらく会わないうちに、ととのった顔立ちと人懐っこそうな目つき、ブラウスの上からでも目立つ張り出した胸と、まるで別人のように成熟した女の雰囲気を漂わせていたのです。それでいて、微妙に残った若さがなんともいえない魅力のアクセントになっていました。

私はまぶしいものを見る気分で、ストーカーに狙われるのも不思議はないなと思っていたのを覚えています。

同時に、真希と私が血縁関係にあることを残念に思ったものです。この時点では、まだ自分の理性が勝っていたということでしょう。

とにかく母親こそいましたが、実質的に私と真希との生活がそんなふうにして始まったのです。

真希が家になじむまで、時間はかかりませんでした。母親にとっても真希は孫にあたるわけで、ずいぶんと喜びかわいがっていました。そんなこともあって、彼女にとって居心地はよかったようです。

私はといえば、これまで彼女に会うときは必ず姉夫婦がいっしょで、二人きりで話したことはありません。どんな会話をすればよいのか最初はとまどいましたが、姪は明るく物怖じしない性格だとわかり、すぐに雑談を交わせるようになりました。それはよいのですが、打ち解けるほどに彼女を姪ではなく女として見てしまう自分が、なんとも後ろめたい気分になってしまいます。そんなわけで、いつまでたっても、真希の顔や体を真っ直ぐ見ることができませんでした。

すっかり自宅同然の気分になっていた真希が、風呂上がりに下着姿でうろついている様子を目撃した日など、私はその姿を思い浮かべ、布団の中で何度も自分のものを握りしめたものです。そのあとには、決まって罪悪感に襲われましたが、どうしても欲情を抑えきれないのです。おそらくこの時点で、私の理性は壊れかかっていたのでしょう。

そんなある夜のことです。

夜の十時を回ったころ、母を寝かしつけた私がダイニングで寝酒の焼酎を飲んでいると、パジャマ姿の真希が入ってきて言ったのです。

「叔父さん、私も飲んでいい？」

「ああ、一緒に飲もう」

さっそく、自分のためにグラスを持ってきた真希は、テーブルの向かいに座って笑いました。

「この家に来てから飲んでないけど、ほんとうは毎晩飲みに出かけるくらい、お酒大好きなのよね」

例によって、姪のまぶしい笑顔を直視することができず、そらした視線の先には、真希の盛り上がった胸がありました。胸が大きいせいで窮屈なのか、ボタンを一つはずしたパジャマの襟元から、彼女のなめらかで健康的な肌と左胸のホクロがのぞいていました。ほんの数秒ですがその光景を凝視した私は、すぐに真希の表情をうかがいます。彼女は、私に対してまるで無警戒のようでした。

血のつながった姪に対して何を考えているんだと、急に後ろめたさを覚えた私は、その場をごまかすように口を開きました。

「真希ももう三十を過ぎてるんだし、結婚の予定とかないのか?」

「どうしたのよ、急に」

「いや、さっさと結婚すれば、ストーカーなんかに目をつけられることも、ないんじゃないかと思ってさ」

それがきっかけとなって、お互いに独身でいる事情を話題に盛り上がり、酒も進みました。聞けば問題のストーカーは、昔つきあっていた男で、真希のほうから振った男性なのだそうです。

私には、そのストーカーになった男の気持ちがわかるような気がしました。

「私なんか、そんなモテるほうじゃないし、あいつは女の趣味が変なのよ」

「じゃあ俺も変な女の趣味してるのかなあ。姪だということを割り引いても真希はかわいいと思うけど。胸だって大きいし、たいていの男なら魅力的だと感じるはずだよ」

自然と口から出た言葉でしたが、言ってから私は、しまったと思いました。

酔っていたせいもあったでしょう。けれど、久しぶりに会った姪に対していう言葉ではありません。

私は、こっそりと姪の表情をうかがいました。

ところが真希は不快感を示すどころか、軽くノドをのけぞらせて、子どものようにけらけらと笑ったのです。その姿勢のせいで張り出された胸が軽く上下して、どうしても視線がそちらに向いてしまいました。

「やだー、叔父さんってまじめな顔して、そんなふうに私を見てたの?」

「ごめんごめん、口がすべったよ」

真希はテーブルに肘をついて、私を見つめて言いました。

「でも、口がすべったのなら本音だってことだよね」

「ま、まあね」

言葉に詰まった私は、あいまいにうなずきました。

妙なことになったなと思いながら、あとはお互いに無口になって、ただ酒を飲んでいたのを覚えています。居心地の悪いような空気の中、真希が「そろそろ寝るから」と言って、ようやく立ち上がりました。それでほっとした私も「おやすみ」を言って、自分の部屋に戻ったのです。

布団に入っても、私はなかなか寝つくことができませんでした。

姪に対してどうしてあんなことを言ってしまったのだろう、軽蔑《けいべつ》されたかもしれないという思いが、頭から離れませんでした。

その一方で、彼女の笑顔や体のラインが見て取れるパジャマ姿、そして襟元から目に入った胸の素肌がどうしても思い浮かんでしまいます。そうなると、叔父と姪という立場でありながら、ムラムラとした気分が抑えられなくなりました。

仕方なく硬くなりかけたモノを握りしめ、いつもの罪悪感の中、真希を思い浮かべて自分ですませようと決めたそのときです。廊下がきしむかすかな足音が、聞こえてきたのでした。

「叔父さん、起きてる？」

襖《ふすま》の向こうから真希に声をかけられドキリとした私は、布団の中であわててトランクスをずり上げました。真希は私の返事も待たず、音を立てないように襖を開くと、私の枕元に歩み寄り、ぺたりと正座します。薄目で見ると、彼女は相変わらずのパジャマ姿でした。

ついさっきまで自分の行為が行為ですから、本人を間近に半分パニックになった私は、とっさに寝ている風を装いました。

真希は、そんな私の顔をしばらく見おろしていた気配でしたが、やがて膝で移動すると、いきなり布団に手を突っ込んできて、私の股間をまさぐったのです。

「ちょっと、何のつもりだ」

まだ硬さを完全に失っていなかったモノにふれられ、私は思わず跳ね起きました。

「やっぱり狸寝入りしてたんだ。なかなか眠れないから、話の続きでもしようかと思ってきたんだけど」

真希はおかしそうにノドの奥で笑いました。

「話の続き？」

「お祖母《ばあ》ちゃんのことがあるから叔父さんも結婚できないし、数年間彼女もいないって言ってたから、こっちのほうはどうしてるのかなって思って」

言いながらも真希の指先は私のモノを刺激しつづけ、やがて完全に硬くなったころを見計らい、トランクスを脱がせにかかります。

「おい、あまりふざけるなよ」

さすがに私は腰を引いて逃げようとしましたが、真希は私の言うことなどまるで無視して、頭から布団にもぐり込んできました。

「うふふ、大きくなってる」

さらに次の瞬間、姪の唇の温かくぬめる感触が私のモノの先端を包み込んだのです。

「うっ、おいバカ、やめろって」

けれど真希は、私の言葉に従いません。私のモノをただ咥えるだけではなく、舌先を巧《たく》みに使って根元から舐め上げたり先端を刺激しました。

一度はやめるように言った私も、姪の舌先の快感に抵抗する気を失いました。同時に、これまで子どもっぽいと思っていた姪が、年相応に経験を積んだ一人前の女になっていたのだなという、残念なような感心したような気分になったのが記憶に残っています。いま思えば、このときに叔父と姪という垣根がなくなり、ただの男と女になったのかもしれません。

やがて、開き直って真希に身をまかせていた私は、いよいよ我慢の限界を迎えました。意志とは関係なく私のモノがビクビクと動き、姪の口の中に溜まりきった精液を発射してしまったのです。

「ううっ」

「ご、ごめん……」

私は布団をはねのけ顔を上げた真希に、あわててテッシュの箱を差し出しました。

私の出してしまったものをテッシュに吐き出した彼女は、顔を小さく左右に振るといたずらっぽく言いました。

「すごい溜まってたんだね、叔父さん」

「それより、このことは誰にも内緒にしておこうな」

「それは当然だけど、まだ終わりじゃないでしょ？」

「え？」

布団に横座りになった真希は、私に抱きついて胸を強く圧し当て、耳元でささやきました。

「手と口だけのつもりだったけど、叔父さんのものにふれていたら、私も興奮しちゃった」

それで私の背中に回した手を解いた真希は、パジャマのボタンをはずしはじめたのでした。一度、発射したからでしょうか、少し理性を取り戻した私は目をそむけながら言いました。

「それは、さすがにマズイよ。血がつながってるんだし」

「私はかまわないよ。ずっとこの家にいていいって、お祖母ちゃんにも言われたし。だったら、ただ世話になってるだけじゃ悪いから。私がいる間は、せめて叔父さんのお嫁さんの代わりしてあげるよ」

真希は微笑むと、月明かりの中、レースで飾った黒いブラジャーを取り去ったのです。

小ぶりのスイカを思わせる乳房が、目の前にこぼれ出ました。その大きさでありながら形は崩れておらず、薄茶色の乳首が上を向いています。

息を呑んだ私でしたが、それでも目をそむけたのは、相手が姪だということで、まだ心のどこかに躊躇があったせいでしょう。

「やっぱりやめよう。まだ間に合う」

「下半身を丸出しにしてそんなこと言っても、全然説得力ないわよ。しかも、アソコを大きくしたままじゃない」

あまりのことに我を忘れていた私は、そのとき初めて自分の姿に気がついて狼狽しました。何か言い返そうとしましたが、すぐに言葉が出てきません。

そして、カッと頭に血が上った私は、言葉ではなく行動に出てしまい、姪を押し倒していました。


気がつくと私たちは、互いにすべてを脱ぎ捨て、真希を上にしたシックスナインの格好になっていました。

私の目のすぐ先には、薄目の茂みに囲まれた、姪のあの部分がわずかに開いています。それほど匂いの強くない粘膜の入り口はじっとりと湿り、サーモンピンク色に光っていました。

「やだぁ、あんまりジロジロ見ないでよぉ」

笑いを含んだ姪の声が足もとから聞こえたかと思うと、私のモノがまた、舌と唇によるくすぐったいような快感に包まれます。

クチュ、クチュっというその卑猥な音を耳にした私は、それにこたえて真希のあの部分を指で広げ、敏感な突起を舌先で突つきました。

「あん！」

鼻にかかった声をあげた真希は反射的に腿をすぼめ、かすかに腰を浮かせました。

それでも私は舌と指を使いつづけます。やがて、姪のあの部分はめくれるように開き、ぬるりとした粘液が溢れ出ました。匂いも徐々に強くなっていきます。

そこで私は、揃えた人差し指と中指を姪のあの部分にごく軽く差し入れ、ぶつぶつとした感触の内部をなぞりました。

真希はついに私のモノから口を離し、喘ぎだしました。

「それ、ダメ！」

さらに指を進めてかき回すと内部は急激にすぼまり、からみついてきたのです。すると、腰が跳ね上がり、その拍子に指が抜けました。

真希はそのまま横倒しに逃げ、丸めた体をビクンビクンとふるわせます。

「イッちゃったのか、真希？」

「うん……久しぶりだったから、すごく感じちゃった」

「これで二人とも、一回づつイッちゃったな」

真希を背後から抱えた私は、彼女のセミロングの髪をかき上げると耳を甘噛みしました。

「ねえ、叔父さん、入れて。今度は叔父さんのものでイキたいから」

思いは私も同じです。

確かに叔父と姪という関係ですが、それぞれが互いに剝き出しの男と女の部分を見せ合ってしまったのですから、もう引き返すことなどできない気分でした。

しばらくの間、荒くなった呼吸をととのえていた真希は、のろのろと体を起こすと、四つん這いの姿勢を取りました。血がつながっているゆえの以心伝心とでも言ったらよいのでしょうか、とにかくいまは彼女に深く挿入したいと望んでいた私も、そのポーズを取らせようと考えていたのでした。

彼女の引き締まった腰を左手でつかんだ私は、右手では自分のモノの根元を握り、真希の濡れきったあの部分を先端で何度かなぞってじらします。

なんとか早く迎え入れたいと思ったのでしょう、真希が尻を細かく上下に動かしはじめたところを見てとった私は、一気に自分のモノを突き出しました。

「ああーっ！」

真希は両手で布団を強く握り、甲高い喘ぎ声をあげ、私のモノはいきなり強く絞り上げられます。

抜き差しに苦労するほどに、姪のあの部分は窮屈でした。彼女の唾液と粘液で、二人とも十分にうるおっていなければ、簡単には挿入できなかったかもしれません。それに加えて、彼女の内部は一面に細かいしわが刻まれていて、強い刺激を与えるのです。なるほど、真希の見た目はともかく、一度でも寝た男はストーカーになるのも仕方ないかもしれないなどと考えましたが、すぐにそんなことは忘れて、また行為に没頭しました。

いまは自分の胸へ枕を引き寄せ、喘ぎ声を洩らしつづける姪のなめらかな背中を眺めながら、私は自分のモノを浅く深くとリズムをつけながら出し入れさせます。

「ああーっ、叔父さん！　私、もう、おかしくなるぅ！」

また甲高い声をあげた真希は、じっとり汗の浮いた背中を丸めると、またビクンビクンと全体を痙攣させました。同時に彼女の内部も、私のモノをマッサージするように、締めつけたりゆるんだりという動きを繰り返しました。

私はなんとかこらえました。一度、彼女の口に出していなければ、ひとたまりもなかったことでしょう。

達してしまった真希はといえば、足を広げてその場にぺたんこのうつ伏せになり、枕に顔を押しつけてハァ、ハァと肩を上下させています。

まだ二度目の射精を迎えていなかった私は、姪をあおむけにして長いキスを交わすと、今度は正常位の姿勢を取らせました。

私にとっても久しぶりのセックスでしたが、どうやら勘を取り戻してきたようです。

上になって挿入すると、真希は私の背中に腕を回し力を込めました。私の胸で、下になった彼女の乳房がつぶれます。弾力と柔らかさを兼ね備えた感触に、私は快感の鳥肌を立てました。

それで私は少し上半身を浮かせて、空いた手で真希の硬くなった乳首をつまみ、こね回します。

「ああっ、それ、感じるぅ！」

再び鼻にかかった喘ぎを洩らした姪に乳首への愛撫を続けながらも、私はピストン運動を止めません。

すぐにまた、真希の内部が狭まり動きはじめます。

私の中で、姪の中に注ぎ込みたい欲求が高まりました。けれど、歯を食いしばってこらえます。

それは、彼女がいつまで家にいるかわからない、それならできる限り姪を味わい尽くしたいという気持ちがあったせいでした。自分の年齢を考えると、数をこなすよりも一度のセックスをたっぷりと楽しもうと決めたからです。

そんなことを思わせるほどに、姪の真希は二度と巡り会えないような、極上の女でした。

しかし、それでも限界はあります。

「もっと抱き締めて！　もっと強く、抱き締めて！」

眉を寄せ髪を振り乱した真希は、私の首に腕を回すと強く引き寄せました。

同時に、いままでにないほどに姪の内部が、私のモノを強い力で奥に引き込むように動きました。

「うっ！」

思わずうめいた私のモノは脈打ち、射精の快感が体じゅうを走り抜けます。

「ああ、叔父さんのが、中にいっぱい、出てるぅ！」

私の腰に足を回してしがみついた姪は、半分泣き出したような表情で訴えました。

セックスの相性のよしあしを語る人がいますが、私と姪の真希はその点で満点に近いものがあったのでしょうか。密着していたせいもあり、体が一つに溶け合う錯覚を味わいました。大げさではなく、あまりの快感で私は気が遠くなりかけたほどです。

声をふるわせながら、姪はそんな私にうるんだ瞳を向けました。

「叔父さんって、すごい……こんなに感じたの、初めて」

「真希からそう言ってもらえると、うれしいよ」

「ねぇ、私がこの家にいる間、かわいがってね。姪としても、女としても」

もちろん、私にとって願ってもない提案です
結局、警察や弁護士の助けを借りてストーカー問題が解決し、彼女が両親のもとに戻るまで、ひと月近くかかりました。その間、家にいた真希と毎夜のように交わった私です。

そんな真希も新たな相手と出会い、昨年やっと結婚しました。

叔父としてホッとしつつも、男としては残念なような気分で出席した結婚披露宴で、

キャンドルサービスにテーブルへやってきた真希は、私にウィンクをしました。さらに、誰にも気づかれないよう、そっと唇に人差し指を当てて見せたのです。いうまでもなく、二人だけの秘密にしておいてという意味でしょう。

それ以来、真希と会うことはもちろん、連絡も取っていません。

いま思うと、夢のようなひと月限りの体験でした。もしも、叔父と姪という関係でなかったら、私もいまごろ真希のストーカーになっていたかもしれません。

不妊に悩む夫婦の家にやって来た甥っ子若い肉体に誘われた熟妻の淫靡な秘密

〔桑本さくら　主婦・三十八歳〕

私は四年前、同じ会社に勤めていた年上の男性と結婚しました。

私は三十四歳、夫は四十六歳なので、一回りの年の差があります。

盛大な結婚式も挙げて結婚当初は幸せな毎日でした。しかし、なかなか子どもができず、次第にあせりを感じはじめました。

私はまだ三十代とはいえ、夫はもう四十代半ばです。夫はセックスも週に一回がやっとで、あまり性欲が強いタイプではありません。

このままだとますます性欲が衰え、私を抱く回数が減れば、それだけ子どもを授かることは難しくなります。

夫もそのことには責任感を感じていたのでしょう。性欲を高める薬を飲んだり、妊娠しやすくなる体位を研究したりと必死になっていましたが、効果は見られませんでした。

そうして三年の月日が過ぎ、私は三十七歳になってしまいました。

夫はもう諦め気味で、すっかり私を抱かなくなりました。

私もせっかく結婚したのに子どもができずに一生を終えるのかと、やるせない気持ちで毎日を過ごしていました。

そんな折に、夫からこんな相談を持ちかけられたのです。

夫にはお兄さんの一人息子に、康夫《やすお》くんという男の子がいます。彼は十九歳の大学生なのですが、実家から大学に通うまでに片道で二時間もかかるというのです。

そこで大学から近い我が家に住まわせてやったらどうかと、そういう内容でした。

ちょうど我が家には、子どものために用意していた空き部屋があります。甥っ子一人を住まわせることぐらい問題はありません。

それに子どもができないことで、夫との関係もぎくしゃくしていました。

もし康夫くんが来てくれるのなら、うまく夫婦間の緩衝材になってくれるかもしれません。そう思って、私は彼を受け入れることに賛成しました。

しばらくして康夫くんは、我が家に荷物を持って引っ越してきました。

「さくら叔母さん、お久しぶりです。これからお世話になります」

彼に会うのは結婚式以来でした。まだ子どもらしいあどけない顔つきで、どことなく緊張したような表情です。

彼と私は甥と叔母の関係とはいえ、血のつながりはありません。赤の他人も同然の私たちは、同居していても互いに遠慮がちでした。

しかし次第に打ち解けるようになり、食事も二人で気軽にできるようになりました。話してみると気さくで、まじめに勉強もしているようです。彼も我が家の居心地に満足しているようで安心しました。

そうしてしばらくすると、夫からこんなことを言われるようになったのです。

「だいぶ康夫と仲よくなったじゃないか。あいつも大学生で年ごろだから、お前に興味あるんじゃないのか」

「変なこと言わないで。私とはだいぶ年も離れているし、そんなふうに見るわけがないじゃない」

私は夫の言葉を、軽い冗談だと思っていました。

実際、一回り以上も年の離れた女性なんかに、若い男の子が下心を抱くなんて思わなかったのです。しかも私は叔母なのだからなおさらです。

ところが夫はそれからも、やたら私に彼のことをどう思うか聞いてくるようになりました。

私と康夫くんの仲に嫉妬《しっと》しているのかと思えば、そうではなさそうです。逆に私と彼をくっつけたがっているかのような、そんな態度にも見えるのです。

あるときは私はふと、夫の思惑に気づきました。

もしかして夫は自分に子どもができない替わりに、康夫くんに私を抱かせて子どもをつくらせようとしているのでは……。

もちろん、直接そう言われたわけではありません。あくまで私の想像ですが、彼を家に住まわせたのも、その計画のためだったように思えたのです。

康夫くんは若くて性欲もたっぷりあるでしょうし、夫とは血のつながりもあります。自分の替わりを任せるには、これ以上の相手は望めないでしょう。

そう思うと、私まで康夫くんのことを男として意識するようになりました。

私たち夫婦の間には、とっくにセックスはありません。それなのに彼を身近に感じるだけで、ムズムズと性欲が蘇ってきたのです。

いつしか私は、彼のことを視線で追いかけるようになり、いやらしい期待をするようになりました。

二人きりで家にいるとき、もしここで彼に襲われたら……と、ありもしない妄想をして一人で興奮していたのです。

もちろん康夫くんは、そんなことをするような男性ではありません。それだけに私はよけいにもどかしさを感じていました。

そこである日、ふと思いついて、少しだけ大胆なことをしてみたのです。

お風呂上がりに彼がリビングにいるとき、わざとノーブラで彼の前に出てみました。シャツの下に乳首の形が浮いていても、気づかないふりをしました。

彼にまじまじと胸を凝視されたときに、私はゾクゾクとした興奮を感じました。自分が女として見られている、それは自信にもつながりました。四十代間近の私の体でも、抱いてくれる望みが出てきたからです。

こうなると私は、自分自身の暴走を止められませんでした。

とうとう我慢できなくなり、自ら抱かれにいくことを決断したのです。

その日は、夫が出張に出て家を空けていました。彼と二人きりになった夜、私は勇気を出して彼の部屋に押しかけました。

「えっ、ちょっと……どうしたんですか？　そんな格好で」

彼は私がランジェリー姿で部屋に現れたので、驚いていました。

以前に夫をベッドに誘うために買った、上下ともかなり大胆なデザインの下着です。

恥ずかしさなど、いっさいを捨て去っていました。

「今日からしばらくはあの人も帰ってこないから……二人で楽しみましょう」

私がそう言って近くまで迫ると、彼は明らかにとまどっていました。

「待ってください。いきなりそんなこと言われても……」

「お願い、ずっとあの人が抱いてくれなくてさびしかったの。一度だけでもいいから、私のお願いを聞いて」

ついでにランジェリーの紐をずらして、胸をさらけ出してみせました。

大きさは人並みですが、まだ十分に張りも形もととのっています。もちろん、彼にここまで見せるのは初めてでした。

まじまじと彼は胸を見つめ、かなりの興奮を感じているのはまちがいありません。

しかし私の誘惑になかなか乗らず、自分から手を出すのをためらっています。やはり、私が叔母だという引っかかりがあるのでしょう。

じれったくなった私は、強引な手段に出ました。彼に抱きついて無理やり唇を奪ってしまったのです。

「ンンッ……」

最初は彼も目を見開いて驚いていましたが、やがて体の力を抜いて私にされるがままになっていきました。

唇に吸いつきながら、舌を入れてかき回します。 夫にはしたことのないねっとりと激しいディープキスです。

私が唇を離すと、彼は顔を真っ赤にしていました。

すると今度は彼から私の体に抱きつき、ベッドに押し倒してきたのです。

「ああ……」

待ちに待った瞬間でした。ようやく彼が私に性欲を向けてくれたので、つい甘い声が出てしまいました。

「いいんですね？　おれ、ほんとうにやっちゃいますよ」

彼の言葉に私はうなずきました。そうすると彼も本気になって、私の体にむしゃぶりついてきました。

荒々しくランジェリーを脱がせ、乳首をガツガツと舐め回してきます。

ふだんはおとなしくまじめな子だと思っていたので、ここまで変わってしまうとは驚きでした。きっと抑え込んでいた性欲が、一気に爆発したのでしょう。

「はぁっ、ああ……気持ちいい」

舐められている乳首から、心地よい刺激が広がってきました。

そうしている間も、彼の手は胸をこね回したり、私の肌のあちこちをさわってきます。それもなでるような優しい手つきではなく、ゾクゾクするようないやらしいさわり方でした。

もう若くはない私の体を、これほどまでに愛してくれることがうれしくてなりません。

お返しに、私も下から彼の股間に手を伸ばしました。ズボン越しにさわってみると、すでにペニスは硬くなっています。

私の手の動きに、彼も腰をもじつかせていました。いますぐにでもズボンを脱ぎたくて、もどかしそうにしています。

私は彼の替わりに、自分の手でズボンと下着を脱がせてあげました。

「すごい……こんなになって」

思わず目を見張ってしまうほど、彼のものは立派にそそり立っていました。

夫のものは年齢による衰えもあって、どんなに勃起しても水平より上向きにはなりません。

それに比べて彼のペニスは、大きさも色も若さがみなぎっていました。見た目だけでなくかすかな甘ずっぱい匂いにも、頭がクラクラしそうでした。

私はひきつけられるように顔を近づけると、ためらわずにペニスを口に含んでしまいました。

「えっ、あっ！」

いきなり私がフェラチオを始めたので、彼はとまどっています。

といってもほんのわずかな時間だけで、すぐさま気持ちよさそうに「ああ……」と声を出していました。

そんな反応も私には新鮮でした。夫はいくら口でしてあげても無反応で、勃起しないことさえあるのに、彼はとても悦んでくれるのです。

いっぱい気持ちよくなってもらうために、舌を使っていろんな場所を刺激しました。

口の中で舌を動かしながら、頭を上下に揺すります。唇を押しつけるときは、がんばって根元まで含んであげました。

「うう っ、ああ……ヤバいです、そこ」

特に敏感なのはペニスの先の裏側のようです。その部分を念入りに舐めていると、ピクピクと口の中でふるえていました。

ただあまり刺激が強すぎると、せっかくベッドに誘ったのに、ここで射精してしまうかもしれません。

私は気をつけながら、フェラチオに没頭しつづけました。彼を感じさせるのを楽しみつつ、どこまでなら大丈夫か冷静に観察もしていました。

少しずつ彼の息が荒くなり、ベッドの上で下半身がモジモジと揺れはじめました。だんだん射精が近づいていることが私にもわかります。それでも唇は、ペニスを咥えたまま動きつづけていました。

あと少しだけ、少しだけ……そう思いながら舌を絡めていると、彼は小さな声で「出そうです」とつぶやきました。

私はあわてて口を離しました。

彼の表情を見ていると、ギリギリのところでこらえてくれたようです。私はホッとひと安心しつつ、急いでセックスの準備を始めました。

「よく我慢してくれたわね。じゃあ、あとはこっちで楽しんで」

私はショーツを脱ぎ、ベッドの上で足を開いてみせました。

このときのために、きちんと毛のお手入れもしてあります。それに危険日であることも彼は知りません。

「どうしたの？　入れてもいいのよ」

私は早く彼に抱かれたくてウズウズしていました。

しかし彼はなかなか挿入しようとはせず、まじまじと私のあそこを眺めています。

するといきなり顔を埋め、あそこを舐めはじめたのです。

「あっ、ああんっ……！　はぁっ」

彼の舌はペロペロとあそこの内側を這ってきました。しっかりと私の足を開かせたまま、夢中になって舐めています。

ほんとうはすぐにでも入れたいでしょうに、こんなことをしてくれるなんて感激しました。

私もすっかりご無沙汰だったので、久しぶりの快感につい声が出てしまいます。夫のおざなりな愛撫とは、まるで違う気持ちよさです。

ですが、やはり体が求めているのは、早く彼に抱かれることでした。

「もう……我慢できないの。入れて、お願いだから」

私の声を聞いて、ようやく彼が顔を離してくれました。

すでに、あそこはびしょ濡れです。これ以上待ちきれない私は、いつでも入れられるように、正常位の姿勢で待ちました。

すると彼が、ペニスを手に持ったまま挿入する直前に聞いてきました。

「あの、このまま入れてもいいんですか？」

私がコンドームも用意せずにセックスをせがんできたことに、彼も不安を感じているようでした。

「いいのよ、そのままで。ちゃんと安全日だから気にしないで」

そんな嘘までついて、彼のペニスを呼び込もうとしました。私の目的は精子を注いでもらうことなので、ここで躊躇させるわけにはいきません。

しばらくためらっていた彼も、やはりセックスの誘惑には勝てなかったようです。

「ほんとうに入れていいんですね。おれ、我慢できないかもしれませんよ」

そう確認をしてから、ようやくペニスを挿入してくれたのです。

「んっ、ああ……すごい、奥まで来てる」

待ちに待った瞬間でした。硬いペニスがゆっくり入ってくると、しびれるような快感が全身に広がりました。

とうとう夫以外の男性に、それも若い甥に抱かれてしまったのです。ただの浮気ではなく、近親相姦を犯してしまったことをあらためて実感しました。

しかも私は、目の前に迫ってきた彼の顔を見つめながら、とてつもなく興奮していました。

「さくらさんの中、ヤバいくらい気持ちいい……たまんないです」

彼の声も、興奮でうわずっていました。つながってしばらく腰を押しつけたままだったのは、しっかりと私のあそこを味わっていたからだと思います。

彼は慎重に、ゆっくりとしたリズムで腰を動かしはじめました。

「あっ、んんっ……あっ、ああっ！」

奥まで突かれるたびに、声が出てしまいます。

久しぶりに味わうセックスの快感に、すっかり私は酔っていました。なによりも私を悦ばせてくれたのが、彼の激しい息遣いと力強さです。

「ああ、最高です！　気持ちいいっ」

彼は私を抱きながら、何度もそう言ってくれました。どんなほめ言葉よりも、彼のその言葉が私にはうれしかったのです。

もう夫のことは頭にはなく、目の前にいる彼のことしか見えません。

彼の動きも激しくなり、腰使いのコツもつかんできたようです。最初は一本調子でしたが、リズムを変えて腰を波打たせてみたり、かと思えば奥まで突いてきたりと、驚くほどの上達ぶりでした。

ここまでずっと私がリードをして、経験でも私のほうがはるかに豊富なはずです。それなのに、もう彼によがり泣かされていました。

「ああっ！　すごいっ、もっと！　んっ、あんっ！」

これほどの大声で喘いだことは一度もありません。きっと部屋の外にまで声は洩れていたでしょう。

しかしいくら乱れても、彼に抱かれたほんとうの目的だけは忘れていませんでした。いよいよ彼も射精が近くなってきたようです。私はそれを感じると、彼にしがみつく腕に力を込めました。

「ああっ、出そうですっ……」

その言葉を聞いたとき、とっさに私は「お願い、出してっ！」。そのまま中に出して！」と叫んでいました。

なんとしても膣内射精をしてもらおうと、必死のおねだりです。抜かれないように心の中で祈りました。

「ううっ！」

とうとう彼は声をあげ、私と深くつながったまま射精をしてくれたのです。

もっと、もっと出して……と、私は彼が腰を押しつけている間も、ずっと離れないように抱き締めていました。

夫とは違って、彼の射精する時間も長いものでした。何度も大きく息を吐き出しては、あそこの奥にたっぷり精子を注いでくれました。

「ああ……すいません。やっぱり中に出しちゃいました」

「いいのよ。私がそうしてって言ったんだから。中に出して気持ちよかったでしょう」

彼は少し照れながら「はい」と答えてくれました。

あそこからは、出されたばかりの精子が溢れ出てきています。たくさんの濃く白い精子を見て、私は妊娠はまちがいないと感じました。

しかも彼は一度きりでは満足せず、その晩は三度も私を抱いてくれたのです。

若い男の子の性欲に、私は久々に女の悦びに満たされました。あまりの激しさに、最後はクタクタになってベッドから起き上がれないほどでした。

それから夫が出張に出ている数日間、私は何度も彼に抱かれました。

昼も夜も関係なく、ところかまわずに体を求めてくるのです。あれほどまじめだった彼が、いったん性欲を解放すると別人のようでした。

その後、夫が出張から帰ってくると、私は儀礼的に一度だけ夫にセックスを求めました。

夫もきっと私の態度から何かを察したのでしょう。ふだんであれば私からの誘いにまったく応じないのですが、どうにかがんばって一度だけ私を抱いてくれました。

それから数カ月後に、とうとう私の妊娠が明らかになりました。

私たち夫婦は、あの日のセックスで授かった子どもだと、そうお互いに結論づけました。夫も私と康夫くんの関係には気づいているはずですが、それを口に出すことはありませんでした。

こうして私は無事に出産し、念願だった子どもを授かることができたのです。

とてもかわいい子どもで、私や夫の両親も喜んでくれました。

しかし、ほんとうの父親が誰なのかは誰も知りません。きっと一生秘密のままでしょう……。

セックスレスで悶々とする三十路熟主婦
初心な義弟を誘惑し牡太幹を呑み込み！

［西部みなみ　主婦・三十六歳］

私と夫との出会いは高校一年生でした。たまたま同じクラスになった私たちは、夫から告白をされてつきあいはじめ、すぐさま体の関係を持つようになったんです。

初体験の場所は夫の家です。夫の両親は帰りが遅いので、私は毎日のように学校帰りに夫の部屋に入りびたり、セックスをしていました。

夫には二歳年下の弟もいましたが、隣の部屋に弟がいようと私たちはおかまいなしでした。むしろ夫はおもしろがって、「祐作《ゆうさく》に聞かせてやろうぜ」と、わざと壁際で私を抱いていたぐらいでした。

祐作くんは、夫とは違ってまじめでウブそのもの。セックスどころか、女の子の手も握ったことがないようなシャイな男の子でした。

それだけに私も、彼が隣の部屋で聞き耳を立てているのかと思うとひそかに興奮し、つい喘ぎ声が大きくなってしまっていたんです。

帰り際に祐作くんとバッタリ顔を合わせたこともありました。そんなとき、彼は私の顔を見るなり真っ赤になり、恥ずかしそうにしていたものでした。

私はそれがおかしくて、夫には内緒で彼に近づいて、耳元でささやくようにして問いかけてみたんです。

「ねぇ、私の喘ぎ声、聞こえてた？」

「えっ？　いえ……」

そうとぼけている祐作くんは、ほんとうにかわいくてたまりませんでした。だから私は、彼の頬にキスをしてあげたんです。

「家の人には内緒にしといてね。これは口止め料」

すると祐作くんは、目を丸くして腰をモジモジさせていました。どうやら、軽くキスをしただけで勃起してしまったようでした。

ただ祐作くんと浮気をするつもりはなく、少しからかってみただけです。

私はその後も夫一筋で高校を卒業後もつきあいを続け、社会人になってから結婚。

子どもは小学生になり、今年で結婚生活も十三年目になります。

だけど出会って二十年も過ぎると、さすがに昔のような新鮮味も薄れてきました。

高校時代は毎日のように私の体を求めていた夫も、すっかり興味を失って、いまではさっぱり私を抱くこともありません。私もとっくに夫とのセックスには飽きていましたが、かといって性欲がなくなったわけでもないんです。

それどころか年々性欲が強くなっていくようで、毎晩のように体が疼くので、夫の目の届かない場所で、こっそりオナニーをして気をまぎらわせていたぐらいでした。

ほんとうは浮気でもしたいと思ったのですが、ごく平凡な主婦である私には出会いの機会なんてありません。かといって、マッチングアプリなどを使って、まったく見ず知らずの男と会ってセックスするというのにも抵抗がありました。

というわけで、悶々としていた私の頭の中に浮かんできたのが祐作くんでした。

祐作くんは私とお兄さんが結婚したことで、義理の弟という間柄になっていました。いまでは身内ですが、私にとっては子どものころから知っている相手でもあります。

しかも祐作くんは明らかに、私に対して性欲を抱いていました。こっちからひと押しすれば、きっと簡単に誘いに乗ってくれることでしょう。

そう思った私は、ある日、たまたま近くまで来たからと偶然を装って、祐作くんの住むマンションを訪ねてみたんです。

祐作くんは三十四歳になっていましたが、いまだに独身で一人暮らしです。

突然私が訪れたことに驚いた様子でしたが、快《こころよ》く迎え入れてくれました。

祐作くんの部屋は独身らしく散らかっていて、よく見ればアダルトＤＶＤのパッケージらしきものも見えるんです。となれば、性欲を持て余しているのはまちがいありません。

「ずいぶん散らかっているのねぇ。掃除してくれる彼女はいないの？」

「仕事が忙しくてなかなか……兄貴とはうまくやってるの？」

「それがねぇ、最近はあんまりうまくいってなくて。そのことを相談したかったの」

私は本題を切り出しました。そして私は夫への不満、特にセックスがまったくないことを包み隠さず祐作くんに打ち明けました。

それもなまなましく、以前は週に何度、こういうプレイまでやったと話して聞かせると、祐作くんは昔のように真っ赤になっていました。

「そうなんだ……昔はあんなに仲がよかったのにね」

「でしょう。あなたが隣の部屋にいたときも平気でセックスしてたくらいなのに……ねぇ、あのときのこと覚えてる？」

今度は夫から祐作くんのことへと話を移し、以前に私がちょっかいを出した思い出を話してやったんです。

「ああ、そんなこともあったね。あのときはだいぶ驚いたけど、もう昔の話だから」

「ねぇ、ほんとうはあのとき、私のことを抱きたいと思っていたんでしょ？」

そう言うと、祐作くんはドキリとし、図星を突かれたようでした。

「いいのよ。だいぶお互いに年を取っちゃったけど、いまなら私のことを抱いても」

「いや、待ってよ。いまはもう兄貴の奥さんなんだし、そういうのは、ちょっと……」

祐作くんはいちおう、私の誘いを断ろうとしました。だけど、その顔には、もっと強引に誘ってくれという思いがにじみ出ているんです。

だから私は、その場に立ち上がり、服を脱ぎはじめました。

「義姉さん……な……なにをしてるんだよ？」

祐作くんはおろおろするだけで、特に止めようとはしません。そして私は、すぐにすべてを脱ぎ捨てて全裸になりました。

「す……すごい……」

祐作くんは生唾を飲み込みながら、私の体をジロジロと見つめているんです。

だけど、いやな気はしません。そんなにも私の体に興味を持ってくれるんだと思うと、うれしくてアソコが濡れてきちゃうんです。

「どうする？　祐作くんがなにもしてくれないなら、いま脱いだ服をまた着ちゃうけど。それでいいの？」

そこまで言われて、三十代の独身男が欲望に逆らえるわけがありません。

「義姉さん！　もう我慢できないよ！」

祐作くんは私に抱きつき、鼻息を荒くしながらオッパイを舐め回しました。

「あああん、乱暴ね。ダメよ。落ち着いて」

いやそうに言いながらも、私は祐作くんの頭を優しくなでてあげたんです。

「うっ……」

祐作くんが低くうめいて腰を引きました。

「どうしたの？　ズボンの中ですごいことになってるんじゃないの？　お義姉さんに見せてちょうだい」

私は祐作くんの前に膝立ちになり、ズボンとブリーフを脱がしました。すると、勃起したオチ○チンが目の前に飛び出してきました。

「はあぁぁ……なんて元気なの。すごいわ」

「義姉さんがエロすぎるからだよ。昔も壁の向こうから聞こえてくる義姉さんの喘ぎ声を聞きながら、いつもこんなになってたんだ」

「そうなのね。かわいそうに。そのおわびもかねて、いまから気持ちよくしてあげるわね」

私はそっとオチ○チンをつかみました。でも、祐作くんのオチ○チンは太くて、指が回りきらないんです。

だから両手で包み込むようにして持ち、それを上下に動かしてあげました。

「ううう……義姉さんの手、すごく気持ちいいよ」

祐作くんは体をくねらせながら、うっとりした表情で言うんです。

「手だけでそんなによろこんでもらったら、ちょっと申し訳ないわ。今度はお口で気持ちよくしてあげる」

祐作くんのためといったふうに言いながらも、ほんとうは自分がしゃぶりたくてしょうがなかったんです。久しぶりのオチ○チン、しかも夫の弟のオチ○チンだと思うと、禁断の思いに猛烈に興奮してしまうのでした。

私はオチ○チンを手前に引き倒し、亀頭をペロペロと舐めてあげました。すると祐作くんは苦しげにうめきながら、体の横で両手をぎゅっと握りしめているんです。その様子は、ほんとうに気持ちよさそうでした。

それならもっと気持ちよくしてあげようと、私は大きく口を開けて、亀頭をパクッと咥えました。そして、舌を絡めるようにしながら、首を前後に動かしはじめたんです。

「あ、すごい。うっ、義姉さん……ああ、義姉さんにしゃぶってもらえるなんて……うううっ……」

口の中でオチ○チンがビクンビクンと暴れ、私はむせ返りそうになりながらも、ジュパジュパと唾液を鳴らしてしゃぶりつづけました。

すでに大きくなっていたオチ○チンが、さらに大きく、パンパンにふくらんでいき、私の口を完全にふさいでしまうんです。その苦しさに耐えてさらにしゃぶってあげていると、祐作くんが切羽詰まったような声で言いました。

「ああっ、義姉さん……気持ちよすぎて、ぼくもう……うううっ……」

口の中に、かすかに精液の味が感じられました。それは先走りの汁が洩れてしまっているということです。射精のときが近いようでした。

私はいったんオチ○チンを口から出し、その先端にかすかに唇をふれさせたまま、上目づかいに祐作くんを見上げ、鼻にかかった甘い声で言ってあげました。

「もうイキそうなのね……いいわよ、お口に出しても」

「で、でも……」

「いいの。飲みたいの。それに一回ぐらい射精しても、すぐにまた硬くなるでしょ？」

「そ……それは、まあ……」

祐作くんは照れくさそうに頭をかきました。さすがに三十代前半の独身男性は元気だということです。それならばと、私はもう一度オチ○チンを咥え、口の中の粘膜で締めつけながら、首を前後に動かしはじめました。

そして今度は、しゃぶりながら指で睾丸をもてあそぶように刺激してあげたんです。すると祐作くんはみっともないほど、悶えまくって、奇妙な声を張りあげました。

「ああっ、ううう……だ、ダメだよ、義姉さん。それ……気持ちよするよ。はあうう」

その「ダメだよ」はもっとしてくれという意味だというのは、熟練主婦にははっきりとわかるんです。だから私は、さらに激しくしゃぶってあげました。

「義姉さん……もう……もう出る……ううううっ……あっ、うううう！」

オチ○チンがビクンと暴れたかと思うと、温かくて生臭い液体が勢いよく私のノド奥目がけて迸りました。

「はっ、うぐぐぐ……」

むせそうになるのを必死にこらえて、私は祐作くんの射精が終わるのを待ちました。

「ううう……すごく気持ちよかったよ」

満足げに言って、祐作くんがオチ○チンを口から引き抜きました。そして、ティッシュボックスに手を伸ばそうとするんです。

それを私が手で制すると、祐作くんは不思議そうな顔をしました。

私はそんな祐作くんの顔をまっすぐに見つめながら、ゴクンとノドを鳴らして、口の中の精液を全部飲んであげたんです。

「えっ？　義姉さん……飲んでくれたの？」

「そうよ……すごく濃厚でおいしかったわ」

私がぺろりと唇を舐めると、大量に射精してやわらかくなりかけていたオチ○チンが、またまっすぐに天井を向いてそそり立ちました。

「あら、ほんとに元気なのね」

「ごめん……」

申し訳なさそうにまた頭をかく祐作くんに、私は言いました。

「いいのよ。元気なほうがうれしいわ。だけど、そのオチ○チンを使うのはあとよ。その前に、祐作くんもお口で私を気持ちよくして。あの人はもう十年ぐらい全然舐めてくれてなかったから、舐められたくてたまらないの」

「いいよ。ぼくも義姉さんのオマ○コを舐めたいから。じゃあ、こっちへ」

祐作くんは私の手をつかんで、ベッドへと連れていきました。

「さあ、義姉さん、よく見せてくれよ」

ベッドに私を寝かせると、祐作くんは両膝の裏に手を添えて、グイッと押しつけてきました。

「あああん、いやん。この格好、恥ずかしい……」

「すごいよ、義姉さん。丸見えだ。ああ、ぼく、中学のころから、義姉さんのオマ○コを何度想像したかわからないよ。でも、このいやらしさは、想像以上だ。特にビラビラが、ニワトリのとさかみたいでたまらないよ」

祐作くんは私の股間に顔を近づけて、じっくりと観察するんです。

「ダメよ、そんなに見ないで」

「そうだね。見るだけじゃダメだよね。義姉さん、自分で両膝を抱えておいて」

「こう？　これでいい？」

恥ずかしいと言いながらも、私は祐作くんに言われるまま、両膝を抱えてしまうんです。それは、祐作くんに舐めてもらいたいからです。だけど祐作くんは、まだじらそうとするのでした。

「これ、どれぐらい伸びるのかな？」

そう言うと、両手で左右の小陰唇をつまんで引っぱるんです。当然、アソコが大きく広げられることになります。

「あっ、いや、恥ずかしい。そ、それはダメよ。やめて」

「恥ずかしいって言いながら、義姉さんも見られて興奮しちゃうんでしょ？　もうマン汁が溢れてきたよ」

祐作くんは今度は膣口に指先を押しつけるようにして、小刻みに動かすんです。クチュクチュと粘ついた音がして、見なくてもそこがどうなってるのかわかりました。

「ダメよ、私のアソコをおもちゃにしないで。ほんとにもう怒るわよ」

「ごめんよ。じゃあ、これからが本番ね。舐めてほしいんだよね？」

「そうよ。舐めて」

私は祐作くんが舐めやすいようにと、抱え込んだ両膝をさらに腋の下のほうへ引き寄せました。そうすることによって、陰部がこれでもかと突き出されるんです。

自然と肉びらが左右に開いていくのがわかりました。そして、熱く濡れた場所が空気にふれてひんやりするんです。そこをいきなり何かがヌルリとすべり抜けました。

「あっ、はあああん……」

思わず声を洩らし、指先が膝裏に食い込むほどに力が入ってしまいます。もちろん私のアソコをすべり抜けたのは、祐作くんの舌でした。

「義姉さんのマン汁、すごく濃厚な味がしておいしいですよ」

さっき私が精液を飲んだときに言った言葉のお返しなのでしょうか、祐作くんは冷やかすように言ってから、ペロペロと割れ目の間を舐め回しつづけました。

気持ちいいことは気持ちいいのですが、やはり少し物足りなさはあります。そんな気持ちが伝わったのでしょうか、祐作くんの舌が割れ目の端で硬くなっていたクリトリスの上をヌルンとすべり抜けたんです。

「あっ、はあああん……」

思わず頭をのけぞらせるようにして喘ぎ声をあげてしまいました。

「やっぱりここが感じるんだね。もうパンパンにふくらんじゃってるし。ほら、いっぱい気持ちよくなっていいよ」

祐作くんは舌先でクリトリスを転がすように舐め回すんです。自分の指でさわるのとはまったく違う強烈な快感です。

私は祐作くんが舐めやすいように、股を限界まで広げつづけました。

すると今度は、祐作くんはクリトリスを口に含み、チューチュー吸ったかと思うと、前歯ではむはむと甘噛みするんです。

「あっ、ダメダメダメ！　それ……あああん、気持ちよすぎるぅ。ああああん！」

もう両膝を抱えていることもできなくなり、祐作くんの頭を太腿できつく挟みながら私は体をのたうたせました。

だけど祐作くんはやめません。私がよろこんでいると確信しているのか、クリトリスを吸ったり、舌を高速で動かしてくすぐるように舐めたり、甘噛みしたりといったことを繰り返すんです。

「あああっ……もう……もうイク、イク、イク、イッちゃう！　あっはあああん！」

私は絶叫しながらエクスタシーへと昇りつめてしまいました。

私の体からぐったりと力が抜けていくのを感じたのか、祐作くんは体を起こして私を見おろしました。

「そう、その声だよ。ぼくが中学のころ、壁の向こうから聞こえてきた声だ。それを聞きながら、すりきれそうになるぐらいペニスをしごいたのを思い出したよ」

「ごめんなさいね。そんな思いをさせて。でも、いまはもう自分でする必要はないの。私のオマ○コで気持ちよくなって」

私がそう言って両手を差し出すと、祐作くんは私の上におおい被さってきました。

「入れるよ……いいんだね？」

すぐ近くから私の顔を見つめながら、祐作くんは腰を器用に動かしてオチ○チンの先端を膣口に押しつけました。すると、ぐしょぐしょに濡れていたせいか、あの大きなオチ○チンが、ヌルンと簡単にすべり込んでしまいました。

「ああっ……奥まで……奥まで入ってくる……はあぁぁ……」

私は下からしがみつくようにして祐作くんの体を抱き締めました。

「ううっ……義姉さんのオマ○コ、すごくヌルヌルしてて、最高に気持ちいいよ。ああ……腰が勝手に動いちゃうよ。ううう……」

しっかりと根元まで挿入すると、祐作くんは腰を前後に動かしてオチ○チンを抜き差ししはじめました。

大きく開いたカリクビで膣壁をこすられ、私は狂ったように喘ぎつづけました。

「あああっ……いい……すごくいいわぁ……あああん！　もっと……もっと突き上げてぇ！　オマ○コが壊れるぐらい、むちゃくちゃに突き上げてぇ！」

そんな私の願いにこたえるように、祐作くんはいろいろ角度を変えながら、オチ○チンでオマ○コの中をかき回してくれました。同時に、ただがむしゃらに腰を振るだけじゃなく、ディープキスをしたり、乳首を噛んだり、クリトリスを指でこね回したりしてくれるんです。

ウブだった祐作くんも、考えてみたらもう三十代前半なので、それなりに経験はあるようでした。その大人のセックスで、私はついに限界を迎えてしまいました。

「はっあああん……イク……もうイク！」

「いいよ、いっしょに……いっしょにイこう……あああぁっ！」

祐作くんは、さらに腰の動きを激しくしました。二人の体がぶつかり合って、パンパンパンと拍手のような音が部屋の中に響くんです。

「ああっ……ダメダメダメ！　あ……イク……ううう……あっはあああん！」

「ううう……すごい……ああ、すごく締まる……気持ちいい！　あああ、義姉さん……ぼくもイク！　あううう！」

祐作くんがオチ○チンを引き抜くのと同時に、その先端から白い精液が勢いよく噴き出して、私のお腹から胸にかけて大量に飛び散ったのでした。

精液をティッシュでぬぐってくれてから、祐作くんは私に寄り添うようにして横になりました。

「うちの人よりも、祐作くんとのセックスのほうが、ずっと気持ちよかったわ」

祐作くんに腕枕してもらいながら私が言うと、彼はすごくよろこんでくれました。

そんな祐作くんとのセックスに私は病みつきになってしまい、いまでは週に一度は密かに彼のマンションを訪れているんです。

◉読者投稿手記募集中！

素人投稿編集部では、読者の皆様、特に女性の方々からの手記を常時募集しております。真実の体験に基づいたものであれば長短は問いませんが、最近のSEX事情を反映した内容のものなら特に大歓迎、あなたのナマナマしい体験をどしどし送って下さい。

●採用分に関しましては、当社規定の謝礼を差し上げます（但し、採否にかかわらず原稿の返却はいたしませんので、控え等をお取り下さい）。

●原稿には、必ず御連絡先・年齢・職業（具体的に）をお書き添え下さい。

〈送付先〉
〒101-8405
東京都千代田区神田三崎町2－18－11
マドンナ社
「素人投稿」編集部　宛

◉新人作品**大募集**◉

マドンナメイト編集部では、意欲あふれる新人作品を常時募集しております。採用された作品は、本人通知のうえ当文庫より出版されることになります。

【応募要項】未発表作品に限る。四〇〇字詰原稿用紙換算で三〇〇枚以上四〇〇枚以内。必ず梗概をお書き添えのうえ、名前・住所・電話番号を明記してお送り下さい。なお、採否にかかわらず原稿は返却いたしません。また、電話でのお問い合せはご遠慮下さい。

【送付先】〒一〇一‐八四〇五 東京都千代田区神田三崎町二‐一八‐一一 マドンナ社編集部 新人作品募集係

禁断告白《きんだんこくはく》スペシャル《すぺしゃる》 熟年相姦体験《じゅくねんそうかんたいけん》

二〇二二年 四月 十日 初版発行

編者◉素人投稿編集部【しろうととうこうへんしゅうぶ】

発行◉マドンナ社

発売◉二見書房 東京都千代田区神田三崎町二‐一八‐一一
電話 〇三‐三五一五‐二三一一（代表）
郵便振替 〇〇一七〇‐四‐二六三九

印刷◉株式会社堀内印刷所 製本◉株式会社村上製本所 落丁・乱丁本はお取替えいたします。定価は、カバーに表示してあります。

ISBN978-4-576-22040-6 ◉Printed in Japan

Madonna Mate